小林信近

サムライ起業家

片上雅仁

創風社出版

最晩年の小林信近

まえがき

幕末には松山藩の殿様の小姓として目覚ましく活躍。明治になってからは、愛媛新聞のもとになった海南新聞、伊予銀行のもとになった五十二銀行、今にもその名前が続く伊予鉄道、愛媛県で最初に一般向けの電力供給を始めた伊予水力電気といった、愛媛県の近代産業の基礎になった企業を次々と立ち上げ、一方で、松山商法会議所会頭、松山市会議長、愛媛県会議長、衆議院議員を歴任。一人の人物がその生涯の間に成し遂げたとは信じ難いほどの業績を残して、最後は財産らしい財産も遺さずに、まことに静かに、そしてさわやかにこの世を去っていった人物がいた。その人の名前を小林信近《のぶちか》という。

何も知らないで小林信近の最晩年の写真を見た女性は、「まあ、かわいいオジイチャンね」と即座に反応し、横にいた女性も「ほんと、かわいいわねえ」と続けたものであった。赫赫《かっかく》たる履歴を持ちながら、七十歳を過ぎて財産のほとんどを失った後、なおかつ、現代の女性が「かわいいオジイチャン」と表現する風貌であり続けたこの人は、どんな人だったのか。

この人の業績はもっと認識されるべきである。この人の名前はもっと知られるべきである。この人の生き方からは、現代の私たちが学ぶべきことがたくさんある。そういう思いに駆られつつ、ここに小林信近の評伝を上梓させていただく次第である。

昭和三十三年、松山の弁護士・北川淳一郎という人が、『小林信近』という評伝本を刊行した。もともと非売品であり、現在は入手困難であるが、愛媛県立図書館などでかろうじて読むことができる。

北川弁護士は、この書物を書くにあたって、小林信近の孫にあたる小林信一氏（当時、京都市立西京高等学校教諭）に問い合わせの手紙を書いた。小林信一氏は、信近の手記を筆写したり、それをもとに年表をまとめたりして、丁寧な返信を北川弁護士に寄越した。その返信手紙が、現在、愛媛県立図書館に保管されている。

この書物は、右記評伝本と返信手紙が残っていればこそ書くことができたものである。北川淳一郎氏と小林信一氏に感謝しつつ、ここに申し添える次第である。

サムライ起業家・小林信近

目次

サムライ起業家・小林信近

片上雅仁

一　松山藩

小林信近は、幕末の松山藩の武家に生まれた。信近を育んだ大きな要素のひとつは、幕末動乱のなかの、松山藩の「敗戦体験」である。信近のことをよく理解するために、まずは松山藩の歴史を大まかにたどっておきたい。

慶長五（一六〇〇）年の関ケ原の戦いのあと、松山藩の初代藩主となり、松山城を築き、城下町建設を行なったのは、加藤嘉明《よしあき》という武将であった。寛永四（一六二七）年、加藤嘉明が会津へ移封となり、次の藩主としてやってきたのが蒲生忠知《がもうただちか》であったが、忠知は跡継ぎのないまま、寛永十一（一六三四）年に急死した。翌年、伊勢桑名から入封してきたのが松平定行《さだゆき》で、以後、幕末までこの松平氏による統治が続いた。

この松平氏は、もとの姓を久松といった。戦国時代後半、尾張の刈谷城主・水野忠政の娘・於《お》大《だい》は、同盟の証としての政略結婚で、三河の岡崎城主・松平広忠に嫁いだ。そこで於大の生んだ男の子が竹千代。のちの徳川家康である。ところが、水野と松平の同盟関係が崩れて、於大は実家に戻された。その後、於大は再び政略結婚で尾張の坂部城（別名、阿久比《あぐい》城）の城主・久松俊勝に嫁ぎ、康元、康俊、定勝など三男四女をもうけた。まことにたくましい女性であった。

　徳川家康は権力を確立していく過程で、久松家のように縁のあるところには松平の姓と三ツ葉葵の紋を授け、確実な味方にしていった。久松定勝あらため松平定勝の次男が、松山藩の藩主となった松平定行である。こういう経緯で、松山藩の松平氏は、同じ松平でも、久松系松平氏であるという意識であった。

　さて、この久松氏には菅原氏につながる確実な家系伝承がある。延喜元（九〇一）年、菅原道真《みちざね》が藤原氏の陰謀によって太宰府へ左遷されたとき、道真の一族は尾張の安古居《あぐい》（現・愛知県知多郡阿久比《あぐい》町）に流された。二年後、道真が太宰府で亡くなり、一族も許されて大部分は京都に戻ったが、道真の孫の雅規《まさのり》は安古居にとどまった。この家系は、雅規の幼名が久松麿《まろ》であったために、「久松殿」と呼ばれるようになり、雅規から十四代後の定道のころに、菅原姓を捨てて久松姓を名乗るようになったと伝えられる。

三ツ葉葵の紋

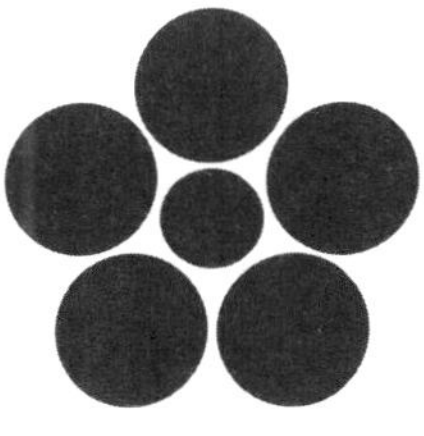
梅鉢の紋

そういう事情で、松山藩松平氏は、公には三ツ葉葵の紋、私的には菅原氏の梅鉢の紋と、家紋を使い分けていたということである。

徳川の親藩で十五万石。温和な気候と豊かな生産力に恵まれ、松平氏によるおおむね平穏な統治が続いた松山藩であったが、嘉永六（一八五三）年のペリー来航以後、日本国じゅうは騒然となり、松山藩もこの動乱のなかに否応《いやおう》なしに巻き込まれていくことになった。

二　殿様の小姓に

小林信近は、天保十三（一八四二）年八月二十八日、松山藩士・中島包隼《かねはや》という人の次男に生まれた。包隼は、三百石以上を取り、その家は堀之内にあるという上級武士であった。包隼はまた、漢学を能《よ》くして、藩校・明教館の教授でもあった。信近は高級武家の男の子として、言葉遣いや立ち居振る舞いを厳しく躾けられ、学問も武術もきっちり仕込まれて育った。信近が最晩年まで、常に礼儀正しく上品な人であると言われ続けた所以《ゆえん》であった。

十二歳のとき、松山藩士・小林信哲《のぶあき》の養子になった。ちょうど、ペリーが来航した年である。信哲も堀之内に屋敷があり、藩の御目付役などを務めて二百八十石前後を取る高級武家であった。信哲は体格が大きく、公務においてはきわめて厳格であったが、一方で諸芸に通じ、生活ぶりは派手好みの面もあったと伝えられる。

信近は、その謹厳実直な面を生家から、鷹揚で楽天的な面を養家から受け継いだといえるかもしれない。安政三（一八五六）年、十五歳で無事に元服を迎えた。

そして、万延元（一八六〇）年一月、十九歳になった信近は、藩主・松平勝成《かつしげ》の小姓に任命された。勝成は松山藩松平氏の十三代目にあたる。高松藩主の六男として生まれ、松山藩へ養子に来た人であったが、若いときから風疾の持病があった。風疾とは、当時の漢方医学で、リウマチや痛風の総称であった。跡継ぎがなかなか生まれなかったため、伊勢津藩の藩主・藤堂髙猷《たかあき》の四男定昭《さだあき》を養子に取っていた。松山藩の家臣たちは、勝成のことを「太守様」、定昭のことを「若殿様」と呼んだ。万延元年の時点で、勝成は二十九歳、定昭は十六歳であった。

同年四月、信近は勝成のお伴で江戸へ赴き、六月には江戸の松山藩邸において、勝成の小姓を解任のうえ、定昭の小姓を務めるように命じられた。この後、慶応三（一八六七）年に定昭は藩主に就任するのだが、松山藩が松山藩として存続した間、信近はずっと定昭の小姓として側近《そば》くに仕え続けることとなった。

松山藩の場合、藩主の小姓は二十人ほどもいた。殿様のまわりに

松平勝成

松平定昭

は、常に四〜五人の小姓がいるように交代制で勤務する。一人は殿様のななめ後ろに刀を掲げて付いている。いざというときには刀を素早く差し出し、殿様が刀を抜いて闘うことができるようにするためである。殿様の食事やお茶を運び、場合によっては毒見もする。夜には殿様の布団も準備する。そして、来客の取り次ぎもする。家老など藩の重役といえども、小姓の取り次ぎなしには藩主には会えない。藩主と重役が談義をするときも、小姓は同席しているから、藩の政治上の秘密も人間関係も、すべて知ってしまうことになる。実質には、何かにつけて内々に藩主の相談にも乗る。小姓は頭脳明晰で学問優秀、そのときそのときの政治・経済情勢や、地位のある人々の人間関係にもよく通じていなければならなかった。

しかも万一の場合には、主君を守るために小姓自身が闘わなければならない。小姓は脇差しの小太刀しか持っていないので、武術のなかでも、特に小太刀の術と近接格闘のための体術が重要であったという。

小姓に選ばれているということは、その人物があらゆる意味で優秀で、かつ藩内の人間関係にも精通しているということであり、小姓の役目を退いた後は、藩内での出世が確実に約束されていた。

そして、対外的な関係もあり、小姓には必ず端正な顔立ちの美男子が選ばれた。小林信近しかり。やはり定昭の小姓を務めた内藤鳴雪《めいせつ》も、晩年の写真から若いときの美男ぶりが想像される。

秀才で武術にも優れ、将来を約束されたエリート。しかも美男子となれば、女性にモテないわけがない。信近が勤務時間を終えて自宅へ帰ると、その袖の袂《たもと》にはいつも結び文が五つも六つも入っていたという。信近に思いを寄せる御殿女中たちが、廊下などですれ違いざまに恋文（らしきもの）を信近の袂に投げ入れるのである。しかし信近はこれらの結び文には一切関心を示さず、自宅に戻って袂からひとつかみにして出すと、内容を見ることなくそのまま火鉢にくべたりしていたという。江戸時代の高級武士階級の世界、ましてやお城の中の世界ともなれば、なにごとも格式や礼式で固められ、男女間のやりとりも窮屈なものだったのではないかと想像しがちだが、案外そうでもなかったらしいことに少々驚く。

信近は二十一歳で早々に結婚したが、これは信近があまりに女性にモテるため、周囲の人々が早目に身を固めさせようとした結果であったのかもしれない。

三　人格と見識を育んだもの

このあと信近は、その高潔な人格が信頼を集め、高い見識・能力を発揮して大きな活躍をすることになるのだが、信近のそういう人格・見識はどのように育まれたのだろうか。

第一に挙げられるのは、幼少期の家庭における躾と基礎教育である。人間が卑しいこと、さもしいことをするときには、身体の動きもまた卑しくさもしくなる。そういう動きができないように身体の動きを訓練して、結果として卑しいこと、さもしいことができないようにしておこうと考えたのが江戸時代の武家の「躾」であった。信近は、こういう意味での「躾」の最も成功した例であろう。

第二に、藩校での教育。松山藩の武家の男子は、満七歳、数え年の八歳になると、藩校・明教館に入学するのが原則であった。午前中は学問、午後は武術の訓練である。学問は、なんといっても儒学であり漢学である。『論語』『孟子』などの四書五経を読んで解釈し敷衍するのが基本であった。漢詩を読んだりつくったりもした。

漢学の勉強というと、「孝」とか「忠」といった封建道徳の徳目を注入していたというイメージが強いかもしれないが、実際は少し異なる。

儒教には、経世済民思想というものがある。『書経』や『春秋』には、各国の王たちが、どのような政策を行い、どのように成功もしくは失敗したかという事例や、一国の興亡の歴史がたくさん書かれている。武士というのは、生まれながらに統治階級であり、人の上に立つ者である。彼らは、子どものころには統治者としての心構えを、少し大きくなると実際の政策事例をみっちりと叩き込まれていた。人民が安心して生活できるようにすることが、何よりも統治者に求められることだという意識なのであった。

松山藩の場合、藩当局から武士たちに対して、「詩文にふけりすぎないようにして、経学をしっかり勉強せよ」という通達が何回か出ている。漢詩などの文学的情緒に耽溺し過ぎてはいけない。経学すなわち経世済民学をしっかり勉強せよということである。

小林信近が藩校に通ったころ、藩校の主任教授は、大原観山であった。正岡子規の母の父にあたり、のちに正岡子規も観山から漢文の基礎を教わった。

観山には、漢学の大碩学であるというだけにとどまらない幅広さがあった。ペリーの黒船がやってきて日本国じゅうが大騒ぎになったとき、世界地図を広げて米国の首都ワシントンの位置を指し示すことができたのは、松山藩のなかで観山だけであったという。観山が遺した手記『膾残録《かいざんろく》』には、明治元年における日本について、地理的な大きさ、人口、歳入・歳出金額、国債発行残高、外債発行残高、輸出・輸入金額、陸海軍の兵員数・軍艦数、友好条約を結んでいる諸外国の君主や大統領の名前と年齢などを書き出し、その時点での国勢を捉えようとしている記述が見られる。

明治維新動乱のなかで、「尊皇攘夷」がさかんに言われた時期があった。攘夷とは、日本に入り込んできていた外国人たちをやっつけて追い出すということであったが、観山は「攘夷などできるわけがない」と言っていた。冷徹なリアリズムである。「達見家」と言われ、この後、特別に藩主（定昭）の「側用達《そばようたし》」すなわち政治顧問を任命され、藩主とともに江戸へ京都へと大忙しに動いて、松山藩の危機を救うのに力を発揮した。信近が大原観山から受けた影響はきわめて大きい。

もう一人は塩谷宕陰《しおのやとういん》である。老中・水野忠邦が行なった「天保の改革」の政策アドバイザーで、幕府の学問所である昌平黌《しょうへいこう》の教授も務めた塩谷宕陰は、漢文で入手できる資料だけを駆使して、清国がアヘン戦争でやられてしまうに至った経緯をさまざまな角度から分析し、『阿芙蓉彙聞《あふよういぶん》』を著した。また、『籌海私議《ちゅうかいしぎ》』を著して海防の必要を説き、しっかりした海上兵力、すなわち海軍を持つことを提言した。ずいぶんな現実主義者で、要は幕府の政策ブレインの一人であったといってよい。信近は江戸において、短期間ながらこの塩谷宕陰に入門して勉強した。

信近は、儒学的経世済民思想に加えて、大原観山や塩谷宕陰から、世界情勢がどうなっているか、そのなかで日本がどのような位置に置かれているかを冷徹に見きわめようとする姿勢を学んだ。

このとき信近は、江戸の柳生道場にも通った。柳生は将軍家剣術指南役で、日本の剣術の最高権威であった。松山藩の剣術もやはり柳生の系列であったが、腕に覚えのある連中が全国から集まる柳生道場で、信近はその武術にも一層磨きをかけたのであった。

四　公武合体、討幕、情報戦

ペリーの黒船がやってきたのが、嘉永六（一八五三）年。翌年、日米和親条約締結。安政五（一八五八）年には、アメリカ、イギリス、フランス、ロシア、オランダという西洋の五ヶ国と通商条約を締結。箱館、神奈川（横浜）、兵庫（神戸）、長崎などには、西洋人たちがやってきて居留し、日本と貿易を行うようになった。

しかし、これら一連の条約を、勅許すなわち天皇の認可を得ないで江戸幕府が勝手に締結したということで、薩摩、長州、土佐などの有力外様藩を中心に、江戸幕府に対する批判が沛然《はいぜん》として湧き起こった。

江戸幕府の大老・井伊直弼《なおすけ》は、安政五年から六年にかけて、こうした幕府を批判する知識人・大名など百名以上を大量に弾圧した。安政の大獄である。

松山藩とかかわりのあった藩や人物を挙げると、長州の学者・吉田松陰は切腹。小浜藩の学者・

梅田雲浜《うんぴん》は拷問された末に獄死。土佐藩主・山内豊重（号は容堂）は、藩主の地位を退いて謹慎させられた。安政六年、桜田門外の変で井伊直弼が暗殺された。

ペリー来航のころから、激しい幕府批判を受けて構想されたのが、「公武合体」であった。天皇をあらためて名目上の君主として奉る。有力大名の合議体（諸侯会議）をつくり、日本国の重要事項はこの諸侯会議で決定する。会議の議長は徳川氏が務める。軍事力は、各藩ばらばらではなく、全国統一のものとして運用し、西洋列強に対抗する。諸侯会議には、薩摩、長州、土佐などの外様有力大名も参加する。それが公武合体構想であった。

文久二（一八六二）年には、孝明天皇の妹・和宮親子《かずのみやちかこ》内親王が将軍・徳川家茂と結婚するという形がとられ、江戸幕府と朝廷は公武合体路線で行きたいのだという意志を強烈に示した。

一方、薩摩や長州では、江戸幕府そのものを打ち倒し、幕藩体制を崩壊させて、全く新しい統一政府を樹立しなければならないという「討幕論」を唱える者も増えていった。天皇周辺の公家たちも、徳川の権力を維持しようとする佐幕派と、討幕論に傾く者とに分かれていった。

小林信近が殿様のお伴で江戸に到着したのが、桜田門外の変の一ヶ月半ほど後。文久三（一八六三）年一月まで江戸に滞在したが、その間に、和宮降嫁もあった。

松山藩は徳川の親藩であるから、江戸幕府を支えるのが基本的な立場であったが、小林信近が塩谷宕陰に入門したり、柳生道場に通ったりした目的の第一は、この騒然とした時期に、情報を収集することにあったのではないだろうか。塩谷宕陰が幕府の政策ブレインであったことは先にも述べた。柳生家は、江戸時代初期に柳生宗矩《むねのり》が大目付に任命されて以来、全国の大名たちの動向を監視する役目も担っていた。すなわち、政治情報が集中しているところであった。

信近は、小姓になった途端に、生々しくも複雑な情報戦に身をさらしたのであった。

五　薩摩と長州の敗戦体験

文久二（一八六二）年八月、生麦村（現在の横浜市鶴見区生麦）で、薩摩の島津久光の行列と馬に乗ったイギリス人四人が交錯する形となってしまい、これに怒った薩摩の武士がイギリス人一人を斬り殺し、二人に重傷を負わせた。

薩摩が賠償金の支払いを拒否したため、翌年七月、イギリスは蒸気軍艦七隻からなる艦隊を鹿児島に派遣し、艦砲射撃を行なった。薩摩も沿岸砲台から撃ち返したが、大砲の性能が段ちがいであった。薩摩の大砲は、千メートル程度しか届かない。しかも弾丸は球形で、発射されると右なり左なりへ少しずつそれていくので、命中率が悪い。これに対して、イギリス艦隊のアームストロング砲は、四千～五千メートル届く。弾丸はドングリ型。砲身の内側に旋条（ライフル）が切ってあって、弾丸は進行方向を軸に回転しながら飛んでいくので、まっすぐに飛ぶ。だから命中率がきわめてよかった。

二日間の砲撃で鹿児島城下町の一割が壊滅した。イギリス艦隊は、わずかな損傷を受けただけだった。薩摩は六万七千両の賠償金を払ってイギリスと講和した。

長州の急進派は、文久三年五月十日、攘夷を決行するということで、関門海峡を通過するアメリカ・フランス・オランダの艦船に砲撃を浴びせ、そのあと関門海峡を封鎖してしまった。

翌年（元治元年）八月四日から五日にかけて、アメリカ・イギリス・フランス・オランダの四国連合艦隊十七隻は、下関の砲台に砲撃を浴びせ、壊滅した砲台には陸戦隊員を上陸させて占領した。

このときの陸上戦闘では、小銃の性能が大きくものを言った。長州側の小銃は伝統の火縄銃かゲベール銃であった。ゲベール銃は、弾丸発射のための火薬を紙で包んでパッケージ化し、雷管を使って撃鉄の衝撃で火薬が爆発するようにしたもので、火縄銃よりは進歩したものであったが、球形の弾丸がそのまま飛び出す点は変わりなく、銃弾は右や左にそれていく。弾丸の飛距離は三百メートル程度はあったが、実際に狙ったものに命中させるのには、五十メートル程度には近づく必要があった。

西洋諸国の小銃は、フランスで開発されたミニエー銃、あるいは、そのイギリスにおける派生型であるエンフィールド銃、アメリカにおける派生型であるスプリングフィールド銃であった。銃身の内側に旋条が切ってあり、ドングリ型の弾丸に回転がかかる。飛距離は千メートル近くに

奇兵隊士之像（下関市吉田）

達し、距離三百メートルから等身大の的をねらって撃った場合の命中率は九〇％を超えた。

西洋諸国の兵士たちは、はるか遠くから撃ちかけてきて、長州兵はどんどんやられていく。長州兵の撃つ弾は、敵に届かない、当たらない。彼らは「どうすればいいのだ」と天を仰いだという。

講和交渉で、長州は百万ドルの賠償金を要求されたが、「自分たちは江戸幕府の命令に従っただけだから、賠償金は幕府に請求してくれ」と主張した。幕府はこれを引き受け、払い切れなかったぶんは、明治新政府が払った。

出身身分や武術の修行に関係なく、要は、軍艦、大砲、小銃の性能が戦争の勝敗を決するという冷厳な現実を、薩摩と長州は思い知った。

攘夷など不可能であることを悟った薩摩や長州は、武器と兵制の西洋化を急速に実行した。特に長州では、冷厳な現実を見ようとしない藩の守旧派に辟易した高杉晋作が、百姓・町民からも兵を募り、奇兵隊を発足させた。奇兵隊はどんどん膨らみ、第二奇兵隊以下、つぎつぎと新しい部隊が創設されて、長州諸隊と呼ばれるようになり、これが長州の陸上戦力の主力になっていった。長州諸隊の兵士の服装は、上衣は筒袖、下はダンブクロと呼ばれたズボンに近いもので、刀は腰に一本だけ。鎧や冑とは無縁であり、軽快に動くことができた。武器はミニエー銃とアームストロング砲。五〜六人から十人程度の小集団に分かれ、それぞれが遮蔽物から遮蔽物へとしばしば移動しながら敵を撃つ散兵戦法が訓練された。

実は松山藩でも軍事の西洋化を図りはした。ゲベール銃を導入し、その使い方を訓練しようとしたのだが、正規武士身分の者たちがこれを嫌がったため、百姓・町民から志願者を募り、足軽身分に取り立てて、ゲベール銃を持たせた新制大隊というものを発足させた。五百人ばかりいたというが、上級武士たちは、これをあくまで補助戦力としか考えず、戦国時代の鉄砲隊の使い方しか頭になかった。そういう意味では遅れていた松山藩であった。小林信近は、のちに全国で最初の軽便鉄道を敷設して蒸気機関車を走らせるのであるが、そこには、「遅れていた松山」を「先進的な松山」にしたいという思いも込められていたはずである。

六　松山藩の敗戦

この当時、京都では様々な勢力が入り乱れて、長州の急進派に味方していた公家たちは、文久三（一八六三）年八月十八日の政変で京都から一度追い出された。その後の蛤御門《はまぐりごもん》の変（別名、禁門の変）の軍事衝突で長州の兵力は京都から撤退した。長州を「朝敵」であると指定することに成功した幕府は、長州に本格的な軍事侵攻をかけようとしたが、長州の守旧派が幕府に謝罪して恭順の意を示したので、実際の戦争は起こらないで済んだ。これを第一次長州征討という。

しかし、この後、長州では急進討幕派が再び勢力を盛り返して実権を握り、大量の武器を西洋諸国から買い込むなどして、再び幕府に向かって牙をむいた形になった。慶応二（一八六六）年、幕府は再び長州に軍事侵攻をかけることにした。第二次長州征討である。

実は、この年一月二十一日には、薩長秘密同盟が結ばれていた。薩摩の西郷隆盛、小松帯刀、長州の高杉晋作、桂小五郎（のちの木戸孝允）らの討幕派を、土佐出身の坂本龍馬や中岡慎太郎が仲介した、「薩摩と長州は、江戸幕府を倒し、幕藩体制を崩壊させて、新しい統一政府をつくるために協力し合う」という同盟である。秘密同盟であったが、多くの人々がかかわったことであり、間もなく幕府や諸藩の知るところとなった。

幕府側は、五つの方面から長州に侵攻しようと考えた。第一は、津和野方面から（石州口）。第二は広島方面から（芸州口）。第三は周防大島方面から（大島口）。第四は、関門海峡の対岸・小倉方面から（小倉口）。第五は、城下町・萩を日本海側から攻める（萩口）。このうち、萩口を攻めよと命令された薩摩藩は、薩長同盟に基づき、出兵を一切拒否。萩口攻撃は作戦から消えた。このとき、幕府の命令に従わないで、出兵しなかった藩が他にもたくさんあった。幕府の権威はすでにずいぶんと落ちていたと言わなければならない。

大島口を担当した松山藩は、もちろん江戸幕府を裏切らなかったが、このとき、海を渡って周防大島へ攻めていくのに、和船の軍船はたくさんあっても、蒸気軍艦は一隻も持っていなかった。すでに五隻の蒸気軍艦を持っていた長州と戦うためには、幕府の蒸気軍艦に頼るしかなかったのであった。

慶応二（一八六六）年六月七日、松山藩の二千名の軍勢は、和船百隻以上に分乗し、周防大島へ押し渡った。幕府軍艦による艦砲射撃の後、十一日に、松山藩兵は、大島の最も大きな集落である安下庄《あげのしょう》に上陸し、そこを占領した。幕府兵は、島の北東部にある久賀集落を占領。作戦の第

幕末の和船軍船
（『日本船路細見記』より）

幕府蒸気軍艦「開陽丸」
（『日本舟船図絵』より）

一段階は成功したかに見えた。

しかし、長州側はただちに反撃した。まず、十二日夜、高杉晋作が小型の蒸気軍艦に乗って、久賀沖に停泊していた幕府軍艦四隻を夜中に奇襲。幕府軍艦は、「さては薩摩が軍艦を繰り出してきたか」と疑い、宮島方面に撤退してしまった。

十五日からは、長州諸隊の陸上兵力が島の北部から上陸し、松山・幕府兵と戦闘が開始された。松山藩の軍勢は、鎧兜を付けた高級武士が各部隊の指揮をとり、旗幟《はたのぼり》を立てて、ホラ貝を吹き鳴らしながら進んだ。戦国時代と何も変わっていなかった。これでは、長州のミニエー銃、散兵戦法に対抗できるわけがない。松山藩兵は、遙か遠くから撃たれ、新制大隊も役に立たなかった。この遠征軍の総大将は、家老・菅《かん》五郎左衛門《ごろうざえもん》良弼《よしすけ》であったが、この人は、いかにも総大将らしく赤い陣羽織を着て床几に座っていたところを長州兵に撃たれ、腰のあたりに重傷を負った（ちなみに、この人の屋敷跡に、いま、坂の上の雲ミュージアムと萬翠荘が建っている）。松山藩兵は総崩れとなり、「長州や薩摩が蒸気軍艦を繰り出して来たら

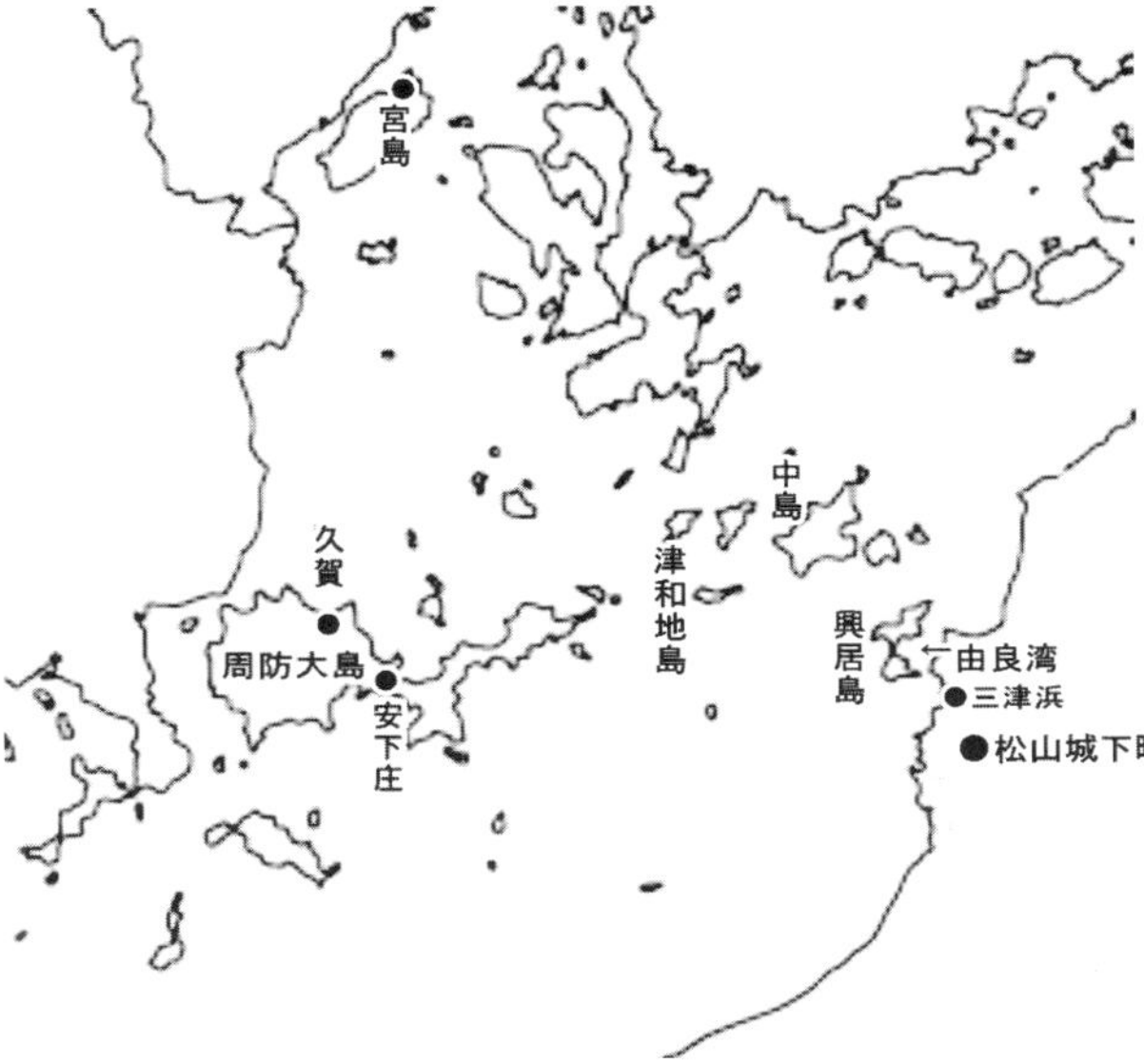

第２次長州征討関係地図

和船などすぐに吹き飛ばされて帰れなくなる」という恐怖もあって、あわてて和船軍船に乗り、十九日には興居島《ごごしま》・三津浜まで引き揚げてきたのであった。松山藩の戦死者十二名と記録されている。

　久賀の幕府兵も似たようなもので、結局、十九日には、幕府兵も戻って来た軍艦に乗って引き揚げた。

　この後、二カ月半ばかり、松山藩は、長州藩が逆襲で攻めてくるかもしれないと心配し、戦々恐々としていなければならなかった。各地の海岸に大砲を配置し、陸上兵力を総動員して警戒にあたった。七月二十日夜、三津浜の沖をイギリス船が通りかかったとき、松山藩の見張りが「長州が来たか」と勘違いして狼煙を上げたために、大騒ぎになったりした。

幕府側は、他の三方面すなわち石州口、芸州口、小倉口でもことごとく敗北した。そのなかで、七月二十日に、将軍・家茂が大坂城で死去。享年二十一歳であった。徳川慶喜《よしのぶ》が将軍名代となったが、九月二日に、慶喜の意を受けた勝海舟と長州の井上馨らが宮島で会談。大島口、石州口、芸州口については、停戦合意が成立した。小倉口についてはなお戦が続き、翌年一月になって、やっと長州藩と小倉藩の間に和約が成立した。

幕府軍にいくつもの藩が味方して長州という一つの藩を攻め、ことごとく敗北して撃退された。幕府の権威はますます地に落ちたが、親藩たる松山藩は、この後もギリギリまで幕府を支えようとした。

七　蒸気軍艦を借りてきた信近

松山藩は、周防大島へ攻めて行こうとしたときに、おそまきながら、蒸気軍艦がなければたいへんに不利であると認識した。一隻あたり四万両とか五万両とかを出せば、アメリカなりイギリスなりから買えはする。しかし、すぐには間に合わない。そこで何と土佐藩から蒸気軍艦を一隻借りて来ようと発想した。

この常識破りのことのために土佐藩に向けて使者に立ったのが小林信近であった。石原量之助という人が同行した。松山藩の和船軍団が大島に向けて出発したのは、慶応二（一八六六）年六月七日であった。小林信近が高知に向けて松山を出発したのが六月十二日。三坂峠を越えて高知城下に到着したのが十五日。ずっと後年に信近がその孫に語ったところによれば、このときは早駕籠を使った。一つの駕籠を十人ほどで担ぐ。かき手は次々と交替するのだが、中に乗っている者はそのままで、ほとんど不眠不休で走る。信近は、腹帯を締め、意識朦朧のなかで舌を噛まないように猿ぐつわのようなものをくわえて、ひたすら揺られ続けた。高知城下に着いたときには、全身が綿のように疲れ果てていたという。その疲れた体にむち打って、そのまま高知城に入り、山内容堂《やまうちようどう》らと面会した。

土佐藩主であった山内容堂は、井伊直弼の路線に反対して、安政の大獄で謹慎処分となり、藩主の地位は、前藩主の弟・豊範に譲った。しかし、その後の情勢変化のなかで復権し、実質上の藩主の地位に返り咲いていた。基本的に公武合体をめざした人であり、その政体のなかで、自分も列侯会議の有力メンバーとして、大きな発言権を有する、というのが山内容堂の目指したところであった。ずいぶんな酒豪であり、「酔えば勤皇、覚めれば佐幕」などと揶揄されたというが、本人が目指した路線は一貫していたと言える。幕末四賢侯のうちの一人に数えられる。

山内容堂の右腕が、後藤象二郎であった。土佐藩の高級武家に生まれ、長じて江戸で英語や西洋流航海術を学んだ。また、長崎から上海に出張し、外国情勢や貿易についても見識を深めた。この当時の土佐藩には、後藤象二郎の主導でつくった開成館という組織があった。そのなかに、軍艦局、貨殖局、勧業局、火薬局、医局などがあり、言わば海軍と商社・銀行と科学研究所を合同させたようなところであった。樟脳・紙・茶・鰹節というような土佐の特産物を藩の専売制にして他地に売って儲ける。その儲けでもって、西洋の最新兵器を買う。西洋流の科学技術研究や医学研究もさかんに行い、殖産興業をはかる。そういうことを一手に取り仕切るのが開成館であった。まるで、イギリスやオランダの東インド会社のミニ版であった。産業資本主義がまだ本格的に勃興していなかったこの当時の日本にあって、開成館は、重商主義的通商組織の最先端を行っていたと言えよう。

こうして通商と産業を盛んにし、藩としてたくさん儲けた土佐藩は、オモテ高《だか》は二十万石程度でありながら、幕末には、七十万石、八十万石に匹敵する財政力を持っていたと言われる。実は、薩摩にしろ長州にしろ、幕府にタテついたところは、藩の財政改革に成功し、専売制や密貿易で儲けて、みな財政力がたいへんに豊かであった。強い政治力・軍事力を発揮するためには、まず、生産力・財政力が高くなければならないという、冷厳な事実から目をそらすわけにはいかない。

高知城内で、信近は、山内容堂、後藤象二郎らに松山藩主・松平勝成からの親書を差し出し、このとき土佐藩が一隻だけ所有していた蒸気軍艦「南海丸」(イギリス製、四一二トン、スクリュー推進)を、乗組員ごと貸してくれるように「お願い」した。当時の蒸気軍艦一隻は、現代の原子力空母一隻に匹敵するほどの戦力であり、その一隻だけで、動く武装小国家である。のちには四隻の蒸気軍艦を所有することになる土佐藩であったが、このときは虎の子の一隻である。しかも、土佐藩の軍艦が長州や薩摩と交戦すれば、土佐藩は長州や薩摩を完全に敵にまわしてしまうことになる。松山藩は、よくぞまあ、ムシのいいこの「お願い」を言えたものである。

もっとも、土佐藩は、松山藩と国境を接しており、ヘンに敵対するとお互いに都合が悪いので、

「若殿様」定昭の正室・邦《くに》が山内容堂の姪にあたるなど、姻戚関係も結び、なにかにつけて、そここには助け合ってきたという歴史があった。また、薩摩と長州が急進的討幕に動いていることを、山内容堂は必ずしも快く思っていなかった。加えて、もしも、日本国じゅうが、討幕派と佐幕派に分かれて大内乱を繰り広げることになれば、イギリスやフランスが、その混乱にどのようにつけ込もうとするか、わかったものではない。下手をすると、アヘン戦争でやられた清国と同じようなことになってしまう。

小林信近は、このあたりをうまく突いて、山内容堂や後藤象二郎を説得したのであろう。だいたいこんな大それた「お願い」をしに行くのは、老練な家老か目付の役割である。それを、たかだか二十五歳の小姓でしかない信近が敢えて選ばれたのは、信近ならば、土佐のキレ者たちを相手に天下の情勢を論じ、説得力のある論議を展開できるだろうと期待されてのことであろう。

信近は期待に応えた。二十日の夕刻には、土佐藩の乗組員と一緒に南海丸に乗って高知を出発。鳴門海峡まわりで、二十二日に興居島由良湾《ごごしまゆら》まで戻ってきた。松山藩兵は、すでに周防大島から引き揚げてはいたが、長州が逆襲に出てきたら南海丸に活躍してもらわないといけないかもしれない。だから、しばらくは由良湾にとどまってもらう。南海丸の存在自体が、その後ろには土佐藩がいることを示しているということも含めて、長州に対する抑止力となったでもあろう。

信近はこのとき臨時に「軍艦御用掛」を任命され、毎日、三津浜から南海丸まで料理や酒を運んで、乗組員を饗応した。このとき信近は、蒸気機関を始めとする西洋の機械力とその仕組みを目の当たりにした。また、その強力な機械力を運用するやり方なども乗組員たちから具体的に聞いて学んだ。のちに伊予鉄道を起こして蒸気機関車を走らせる信近であるが、この軍艦御用掛としての経験は、信近に大きな影響を与えた。また、土佐で直接に見聞した開成館の様子も、信近に多くのことを考えさせたにちがいない。

南海丸がいつまで由良湾に停泊していたのか、はっきりしないが、おそらくは、九月二日の幕府と長州の間の停戦合意成立までかと思われる。土佐側の記録によれば、あとで松山藩は謝礼に刀を一振り届けてきたという。軍艦は無料で貸し借りしたようである。松山藩側の公式記録には、軍艦を借りてきた話は一切出てこない。

蒸気船の必要を痛感した松山藩は、その後、神奈川台場との交換で、幕府の蒸気軍艦を一隻譲り受けようとした。

神奈川台場というのは、沿岸防衛のために、幕府の命令によって松山藩が建設した人口島の砲台である。設計は勝海舟。安政六（一八五九）年に建設を開始し、松山藩は七万両の費用と延べ三十万人の労働力を注ぎこんで、一年間で完成させ、この台場に、十六門ほどの大砲を並べていた。のちに、この神奈川台場の周辺が埋め立てられ、現在に続く横浜市発展の基礎となっていった。

松山藩が、この神奈川台場と大砲をすべて幕府に譲るので、代わりに蒸気軍艦を一隻譲ってほしいと幕府に申し出たのが、周防大島での戦いから二カ月あまり後の八月末。多少の曲折があったが、松山藩が長崎でイギリス商社から蒸気軍艦を一隻購入し、その代金を幕府が支払うということになった。こうして松山藩が手に入れた蒸気軍艦(イギリス製、四三四トン、スクリュー推進、大砲五門搭載)は、「小芙蓉丸《こふようまる》」と名付けられた。乗組員の訓練を長崎で行い、十二月には興居島に回航され、確かに松山藩の戦力となった。

八　死を覚悟した信近

慶応二（一八六七）年十二月二十五日、孝明天皇が満三十五歳で崩御。翌年一月九日、新しい天皇が即位した。明治天皇である。このときまだ満十四歳であった。

松山藩主・勝成は、風疾（漢方医学におけるリウマチ・通風などの総称）がますます悪いということで引退することとなり、定昭が京都二条城で将軍・慶喜に直接申し出て、藩主の交代を承認された。「若殿様」だった定昭が「殿様」になり、引退した勝成は、「大殿様」と呼ばれるようになった。

定昭は、藩主になると同時に幕府老中に任命された。満二十二歳で幕府老中に就任というのは、江戸時代を通じての最年少記録である。藩内には反対論もあったが、定昭は、「自分のような若い者こそが力を発揮して日本を安定させなければならないのだ」と意気込み、三百人ほどの藩兵を引き連れて、将軍とともに二条城にとどまった。

小林信近は、四月から十一月にかけて、再び江戸に遊学したことになっているが、ほんとうは遊学ではなく、江戸での政治工作が目的だったと思われる。特に定昭の老中就任にあたっては、様々な政治工作が必要だったはずである。信近は、このときも間違いなく定昭から大いに頼りにされていた。

この後、徳川慶喜が大政奉還を上表。朝廷は、幕府と各藩の統治権は当面そのまま、早期に京都で大名会議を開き、新政体を決定するとした。結果としては公武合体路線の延長で落ち着くことを見越こして、山内容堂や徳川慶喜が討幕派の機先を制したのが大政奉還であった。対する討幕派は宮中工作で巻き返して王政復古の大号令を発し、大政奉還のときの約束も幕藩体制もすべて否定する新政府樹立を宣言。慶喜らは二条城から大坂城に移り、年明け（慶応四年）三日、ついに新政府軍勢と幕府側軍勢が衝突して鳥羽・伏見の戦いが勃発。ところが、戦いの最中の一月六日、慶喜は、老中・板倉勝静《かつきよ》、酒井忠惇《ただとし》、会津藩主にして京都守護職であった松平容保《かたもり》、桑名藩主にして京都所司代であった松平定敬《さだあき》など、わずかな側近とともに大坂城を抜け出して船に乗り、江戸へ帰ってしまうという謎の行動をとった。幕府側軍勢は崩壊し、京都は新政府軍が確保した形になった。

定昭たち松山藩は、大坂城に置いてきぼりにされた形となり、しかたなく三百名ほどの藩兵をとりまとめて堺まで南下。小芙蓉丸で松山に戻った。

戻ってみると、松山藩は新政府によって「朝敵」に指定されていた。このとき、徳川慶喜、会津、桑名、姫路、高松なども同時に朝敵に指定されている。

新政府は、二条城にいたときも大坂城にいたときも、「京都へ出頭せよ」という新政府からの命令に従わず、徳川慶喜と行動をともにし続けたのが定昭の罪であるとして、薩摩・長州・広島・土佐・宇和島などの各藩に対して松山藩追討命令を下した。

定昭は、「朝廷に対して弓引いた覚えはない」と、全く納得せず、徹底抗戦を決意した。もちろん、薩長や土佐や広島が束になってかかって来たら、どう対抗しようもない。城を枕に討ち死にする覚悟の徹底抗戦である。

定昭の小姓の一人でもあった内藤鳴雪《めいせつ》がずっと後年の大正十一年に書いた『鳴雪自叙伝』によれば、このとき定昭は天守閣に登った。いよいよ力尽きて落城するときには、殿様がわずかな側近とともに入る穴蔵がある。ある操作をすると、上から大きな石や材木が落ちてきて、穴蔵を埋めてしまう。これで、殿様の遺体は隠され、敵に首を取られるという辱めを受けることがない。そういう装置が天守閣のなかにつくってあって、定昭は、それがきちんと作動するかどうか、確認に行ったのであった。定昭は本気だった。

そして、城の一室に士分の者を一度に五人ずつ入れて、定昭・勝成父子から次のように申し渡した。「このたび、朝敵の罪をかぶせられたのは、まことに恥辱である。松山藩としては、薩長にあくまで抵抗して戦うつもりである。しかし、兵力は敵のほうが優勢だから、まず勝ち目はない。最後は城を枕に討ち死にすることになるだろう。そんなことはいやだと思うのならば、いますぐにどこへなりとも立ち去ってくれて差し支えない。」

一度に五人ずつだから、延々と三日間近くもかかった。逃げ出した者は誰もいなかったが、「殿様も、もう少し他の考え方がないものか」と、ブツブツ言う声は、城内のあちこちで聞こえたという。

内藤鳴雪も死を覚悟した。鳴雪は、槍はどうも苦手で、刀を使うほうが得意だから、最後は刀でもって戦い、できれば敵の一人や二人はやっつけて、殿様と一緒に穴倉で生き埋めになろうと思ったという。小林信近も、もちろん最後まで定昭と運命をともにし、穴蔵に埋もれて死ぬ覚悟を決めたはずである。

しかし、十日ほどの間に、定昭の言うことが変わった。

松山藩征討のためにいち早く動いたのは土佐藩であった。藩境ぎりぎりまで兵力を進めておいて、松山城に、朝廷に恭順するかどうかを問う二名の問罪使を送り込んできた。これが一月二十二日。そして、翌々日の二十四日には、問罪使に対して、「松山藩は朝命に逆らうつもりはさらさらない。仰せに従うので、朝廷のほうによろしくとりなしていただきたい」という旨の返書が差し出された。徹底抗戦から恭順への大転換であった。

何が定昭の心を変えさせたのか。これまでのすべての歴史書が書いているのは、三人の人が定昭を説得したという話である。説得した一人は、家老の奥平弾正。もう一人は大原観山。加えて、遊学経験豊かで尊皇思想家・梅田雲浜らとも交流のあった学者の三上是庵《ぜあん》。彼らは、つぎのように定昭を説得した。

「なるほど薩長のやり方には納得のいかないところがある。しかし、もしここで松山藩が徹底抗戦すれば、城下は火の海。領民は塗炭の苦しみを味わうことになる。そして、松山藩松平家は、朝敵の汚名を着せられたまま滅びることになる。日本が統一国家にならないといけないのは、国際情勢から考えても明らかである。ここは涙をのんで恭順の意を表するのが大義にかなうことである」

「しかし……」と内藤鳴雪は言う。「この説得だけでは、定昭侯の心は変わらなかったであろう」

鳴雪の述べるところによれば、二名の問罪使とは別に、山内容堂からの密使がやってきた。隠密たちに気づかれたくないので、密使は、松山郊外の東野で止まり、人を使って、「重要な話があるので、目立たないように東野まで来てほしい」と松山城に伝えた。松山藩の二名の武士が東野まで出向いたところ、土佐藩の武士は、口頭で山内容堂の内意を述べた。

「近ごろの薩長の暴走ぶりは目にあまる。土佐藩はもうすぐ起って薩長を討つ。そのときには、ぜひ、松山藩とも連携したい。ここは、いろいろあろうけれども、どうか恭順していただきたい。

土佐藩が一番先に松山藩に乗り込む。長州や薩摩には手を出させないようにする。悪いようにはしないから、当面、我慢していただきたい」

この時点でなお、山内容堂は、「王政復古」路線にはやはり反対で、公武合体路線をあきらめておらず、場合によっては、薩長と戦火を交えてもいいと考えていたことがわかる。

定昭は、薩長の「王政復古」路線をひっくり返して、徳川の権威も松山藩の名誉も回復することができる可能性に賭けることにしたのであった。

定昭と勝成は、松山藩松平氏の菩提寺である祝谷の常信寺に蟄居《ちっきょ》謹慎。土佐藩兵は、一月二十七日に進駐してきて、松山城に入った。山内容堂の約束どおり、土佐藩の占領統治はたいへん規律正しく、穏やかであった。

翌日、長州の軍勢が三津浜までやって来たが、土佐藩は、「すでに土佐藩で占領統治しているから」と、長州軍を三津浜で止めた。結局、長州軍の問罪使二名が常信寺まで出向き、定昭・勝成父子に恭順の意の確認をしただけで引き揚げていった。ただし、そのとき、松山藩が一隻だけ持っていた蒸気軍艦「小芙蓉丸」を、戦利品であると言って持って帰ってしまった。

実は、松山藩は、長州藩が占領統治に来るのが一番怖かった。周防大島での戦いのとき、島に上陸した松山藩兵が、地元住民にずいぶんな略奪暴行を働いたと、長州側から訴えられたということがあった。松山藩の「失律」問題という。松山藩が周防大島から引き揚げた後、この事件についての謝罪と補償を巡って、松山藩と長州藩の代表による交渉会議が、慶応二年十一月から慶応三年三月まで、三津浜や三田尻で、前後六回にわたって持たれた記録がある。松山藩も一定の失律行為のあったことは仕方なく認め、謝罪の文書を出し、場合によっては金銭補償も行う態度を示した。しかし、長州側は、謝罪だけではなく、そもそも周防大島を攻めるように命令した幕府が間違っていたこと、今後、幕府の命令には従わないことを文書の中に含めよと言って譲らなかった。松山藩としてはこれは認めるわけにはいかず、交渉が平行線をたどっている間に、定昭の老中就任、大政奉還と全体状況が動き、失律問題は、ウヤムヤのままで決着がついていなかった。恭順した松山藩に、もしも長州軍が進駐してきたら、仕返しにひどいことをされるかもしれないという恐れがあったのだが、土佐藩がなんとか追い返してくれた。この点でも、土佐藩の迅速な行動はありがたかった。

しかし、事態は、山内容堂や松平定昭が期待したようには、ついに動かなかった。そして、松山藩が一度は「朝敵」「賊軍」になってしまったという事実は、以後も様々な面で長く尾を引いた。

一度は殿様とともに死ぬことを覚悟した小林信近は、きわどく生き残って新時代を迎えることとなった。このあと、彼の心の深いところには、「一度は死んだ身である」という思いがずっとついてまわっていた。こういう人は、いざというときの度胸のすわりかたが半端ではなく、目的に向かってつき進むときの迫力がものすごい。その度胸と迫力で、多くの人を説得してしまう。

このあと信近が大きな仕事をやってのけることができた理由の一つである。そして、「天が自分を殺さなかったのは、自分には為すべき仕事があるからだ」とも考えたのではないだろうか。この後に信近がやった仕事は、そういう「天命に従う」感覚で行われたように思われてしようがない。

九　貧乏士族が生み出された

慶応四年九月、元号が明治に変わった。鳥羽・伏見の戦いに始まった戦争を戊辰戦争と呼ぶが、新政府軍は官軍を名乗り、江戸城を無血開城させ、最後は明治二年五月に箱館五稜郭を陥落させて、抵抗する勢力を駆逐しきった。江戸あらため東京に、名実ともに新政府が樹立された。

この間、松山藩では、領内各村の庄屋たちから、官位を剥奪された定昭・勝成父子を赦免してほしいという嘆願書がさかんに提出された。土佐藩も新政府も、「松山の藩主は領民からそんなに慕われていたのか」と驚いたという。五月二十二日、新政府は松山藩の朝敵指定を解除する条件を示した。条件の第一は、藩主・定昭はまだしばらく蟄居謹慎。勝成が再び藩主を務めること。第二は、新政府に対して十五万両の償い金を差し出すこと。第三は、姓を松平から久松に戻すことである。

勝成・定昭父子はこの条件をただちに了承した。五月二十三日には土佐藩兵が撤兵し、勝成が松山城に戻った。定昭は、東野の別邸に場所を移して謹慎を続けた。賠償金十五万両は、松山藩の二カ年ぶんの歳入に相当する。五万両は藩の金蔵から払うことができたが、あとの十万両は有力商人などから借金した。返済については、最初の三年間だけは利子のぶんだけ、四年目から元金も払うというゆるやかな条件であった。この後、藩そのものが解体されてしまったので、貸した側は一体いくら返してもらったのか、はっきりした数字を見つけることができないが、まず間違いなく、全額返還されてはいないであろう。

明治二年には版籍奉還が行われ、土地と人民はすべて新政府の所轄するところとなったが、旧藩主たちはそのまま藩知事となって統治の政務を行うように命じられた。明治四年には廃藩置県が施行され、松山藩も松山県となった。藩知事たちは全員失職し、東京に集められて華族となった。各県には新政府から「県令」が派遣され、幕藩体制は完全に消滅し、日本はひとつの政府の下の統一国家として組織され直したのであった。

定昭は明治二年三月に謹慎を解除され、明治四年一月、勝成に代わって藩知事となったが、七月に廃藩置県が行われたため、東京に移った。もともとあまり頑健ではなかった定昭は、明治五年七月に二十六歳で病死した。

定昭には跡継ぎの男の子がなかったために、久松家の支族にあたる旧幕府旗本・豊後守《ぶんごのかみ》松平勝実《かつよし》の三男が養子に迎えられた。久松定謨《さだこと》である。養子に来た当時はまだ五歳の幼少であったが、長じてフランスのサン・シール陸軍士官学校に留学し、陸軍中将まで栄進した。のちの大正十一年、松山の城山南麓に萬翠荘という洋館を建てた。

それにしても、「朝敵」に指定され、土佐藩の占領統治を受けたことは、松山藩としては大いなる屈辱であったし、明治国家における立身出世という点でも、松山出身者はなにかと不利であった。

秋山好古は土佐藩による占領のときには九歳の少年であったが、「あの時ほど腹が立ったことはなかった」と晩年までしばしば語った。慶応四年＝明治元年に生まれた秋山真之は、明治二十三年、海軍兵学校を首席で卒業する際、過去五年間の試験問題と模範答案を大洲出身の竹内という後輩に渡しながら、「学科でも実技でも薩摩に負けるな」と言い添えた。慶応三年生まれの正岡子規は、明治三十一年に発表した「歌よみに与ふる書」という短歌論のなかで、当時の宮中御歌所をコテンパンに批判したが、その御歌所は完全に薩摩閥で成り立っているところであった。このように、「朝敵」にされた松山の出身者たちは、薩長藩閥に対しては、とりわけ強い対抗意識を持っており、それが彼らのエネルギーになったとも言える。

統治体制が旧体制から新体制に変わっていくなか、小林信近は、いわば地方官僚として事務のとりまとめや引き継ぎに追われた。版籍奉還で、松山藩主が松山藩知事になったとき、藩知事のもとの行政官組織は、権参事《ごんの》（大参事）が一名、少参事が数名、そして、大属、少属というようになっていたが、信近は、このなかの少参事を務めている。旧藩政で言えば筆頭家老のすぐ下という地位である。その後、松山藩が松山県になると、藩知事は東京へ移り、代わって東京から権県令《ごんのけんれい》がやってきて各県の最高行政官となったが、地元のことがよくわかる有能な官僚がいないと行政にならないので、信近のような人材は重く用いられた。この時期、信近は、東京へ、大阪へ、今治へとたびたび出張している。様々な打ち合わせや確認が必要だったのであろう。信近は、いわば松山藩の後始末のために力を尽くしたが、それも明治六年、現在に続く愛媛県が成立し、事務を引き継いだところで一度終わり、信近は民間の人となった。

信近ほどの能力や見識があれば、東京の新政府に出仕し、文部省や司法省で高級官僚になることも十分に可能だったはずである。たとえば内藤鳴雪の場合は文部省に出仕し、初代文部大臣・森有礼が新しいことを思いつき、それを法案や政策として提起するとき、大臣が断片的に口頭で言ったことをきちんと文書にまとめるといった仕事をしていた。しかし信近は最後まで松山にとどまり続け、この後に見るように、松山と愛媛県のために働き続けた。

ところで、江戸時代の武士というのは、藩から俸禄（給料）をもらうことによって生活していた。明治新政府の体制になっても、もと武士階級すなわち士族に対しては、政府からそれなりの俸禄が支払われていた。しかし、この支出は政府の財政を大きく圧迫していた。

明治六年、政府は家禄奉還ということを始めた。士族に一時金を支給して、あとは何もなし。

一時金を投資して事業を始めるなり、土地を買って農業をするなり、士族も自分の力で金を稼いで生きていけという話である。旧松山藩は早速これに応じた。旧松山藩では、士族を、もとの家禄や家格で、上位グループと下位グループに分け、上位グループは千二百円、下位グループは六百円を受け取った。正岡子規の家は明治五年に父が亡くなり、子規が家督を継いでいたが、千二百円グループであった。秋山兄弟の家は六百円グループであった。

この家禄奉還金の半額は現金で支払われ、半額は年利八％付き九年満期の公債で支払われた。こうして士族たちは一時金を受け取り、あとは自分の力で金儲けをしなければならなくなった。

秋山兄弟の父は、結局、愛媛県の学務係という職に就いたが、過渡期にはずいぶん家計は苦しかったようである。藩校で秀才ぶりを発揮して将来を嘱望されていた秋山好古は、その藩校もなくなり、しばらくは家計補助のために近所の銭湯で缶たきのアルバイトをした。「サムライの子が缶たきなんかしている」と、近所の悪童どもにバカにされたという。実はこの銭湯の経営者もまた士族であったという。秋山家の近くに「伊奈のオイサン」と呼ばれていた人がいた。器用な人で、釣り道具や凧などを自分でつくって、それを売って生計を立てていた。真之は子どものころから絵が上手で、小学校の帰りに伊奈のオイサンの店を覗いては凧絵を描いていたというが、この「伊奈のオイサン」も実は士族であった。

秋山家にしろ「伊奈のオイサン」にしろ、なんとか生計が立った士族たちはまだマシなほうであった。小ずるい商人などからうまい投資話をもちかけられ、だまし取られるように家禄奉還金をなくしてしまう者、何か商売を始めても、「士族の商法」でうまくいかず、結局金を使い果たしてしまうどころか、借金だけが残ってしまう者など、生活に困窮する士族がたくさん出てきた。士族にまともな生計の道を与えること、士族授産ということが全国的な課題となった。

明治政府としても、北海道の開拓と警備を兼ねた屯田兵制度を創設したり、福島県郡山の安積《あさか》原開拓を計画したりして、開拓民となる士族を募集して送り込むということを行なった。開拓に行った先で苦労した末に故郷へ戻って来る士族もしばしばいた。

また、士族が新しい事業を起こすのに対して資金を貸し付ける制度も設けたが、これを利用した士族たちは、事業に失敗して借りた資金を返せず、担保の金禄公債を取られてしまって余計に落ちぶれた場合も多かった。

政府が企図した士族授産は、なかなかうまく進まなかったのが実情であった。

小林信近も家禄奉還金の千二百円を受け取ったが、それは全部「父上に差し上げた」と述べている。信近は、新体制のもとでの高級地方官僚としてきちんと給与をもらっており、それなりに貯えもあって、食べるに困るという心配はなかったようである。そして、明治六年から明治九年にかけて、製陶、松根油製造、茶園経営、紙販売、養蚕など、さまざまな実業経営に少しずつ手を出してはやめている。次々と渡り歩いているように見えるのだが、これらの事業も、士族たちに新たな生計の道を与えるための試みだったようである。事業の見込みが立てば、それを関係士族に委せ、信近自身はまた次の事業へと移っていった。資金については、内々に旧藩主・久松家からの援助があったものと推測される。

十　牛行舎

明治九（一八七六）年、旧藩主・久松家が一万円を小林信近に授け、士族授産のために、松山で工業会社を興せと指示した。ここから先は、重商主義的な面は消えて、産業資本主義の道を歩むことになる。

もともと頼りになる信近であったが、実業経営のほうでも力量ありと見込んだ久松家は、もと家臣たちの救済についても、信近に一万円という大金を委ね、その原資とさせたのであった。この当時の一万円は、現在価値に直すと、おそらく一億円以上になる。

信近は牛行舎という会社を興して社長となり、奥平貞幹《さだもと》、松本務が協同した。奥平貞幹は、もと松山藩の高級武士で、幕末に産業開発に努めた人であった。特に、別府村・吉田村の海岸線を干拓して、五十町歩の新田を開発することに成功したのは大きな業績であった。当時の藩主・勝成は、これを大可賀新田と名付けた。

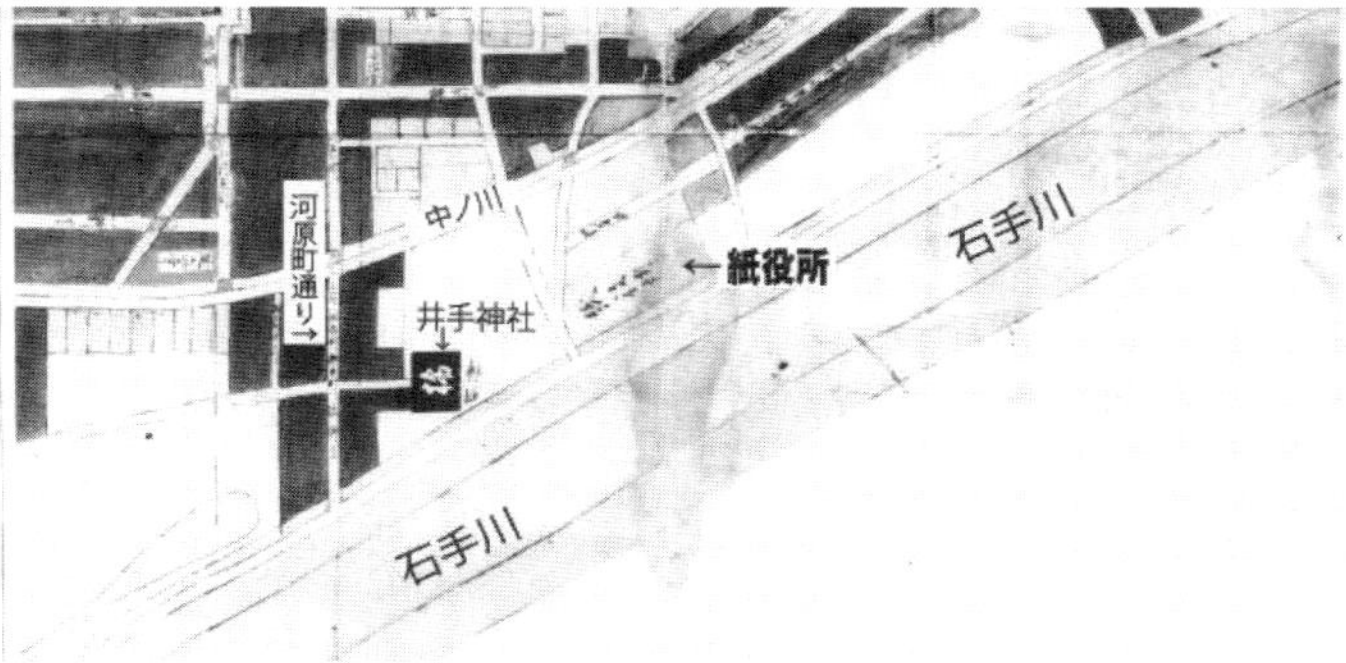

嘉永の松山城下町絵図に示された紙役所

牛行舎という名前は、「怠らず行けば千里の道も見ん牛の歩みのよしおそくとも」という古歌にちなんだ。士族とその家族のみを雇用し、男子部は製紙と製靴に従事し、女子部は小倉織の織物製造に従事することとした。場所は、当時の木小屋口。もと松山藩の紙役所があったところである（現在の労住協永木町ハイツのあたりになる）。

江戸時代、久万山は松山藩の大きな財産であった。まず材木が採れる。また、ミツマタを原料にして製紙ができた。江戸時代後半、松山藩はこの製紙事業を藩の専売事業とした。久万山から運ばれてきたミツマタは、石手川を渡ってすぐの紙役所に到着し、そこで藩の管理のもとに製紙事業が行われていた。明治維新の後、この紙役所は興産会社という会社が所有して運営していた。興産会社は、もともと松山藩の公金を扱っていた栗田與三、藤岡勘左衛門、仲田伝之[illegible]包直《でんのしょうかねなお》というような有力商人たちが経営していた。興産会社は廃藩の後も県の公金を扱い、また、製紙、製茶、藍染など、藩が管理していた事業を受け継いで運営していた。牛行舎は、この旧紙役所を借りて事業を始めたのであった。信近は、同業他社との競争になることを避けた。

まず製靴については、松山周辺には製靴業を行なう者がいなかった。しかし、明治になってから軍人・警察官が革靴を履き、男も女も洋服を着れば足元は革靴ということで、革靴に対する需要は急速に大きくなっていた。

縞模様が特徴の小倉織

製紙については、他にやっている業者がたくさんいたが、牛行舎は松山では他に誰もやっていなかった黄檗紙《おうばく》に特化した。黄檗紙とは、キハダの樹液を漉《す》きこんだ少し黄色味がかった和紙で、丈夫であるため、戸籍簿や写経などに用いられることが多かった。

小倉織も、松山周辺では誰もやっていなかった。小倉織は丈夫であるために着物の帯などによく用いられていたが、牛行舎では洋服の生地にするための幅の広いものを製造した。

当時、大阪で紐引き織機というものを考案した人がいた。織機に木製の弓のようなものをつけ、これに紐をつけて脚で引っぱるようにすると、下糸を上下させるのがたいへん楽になるというもので、以来、手織りの織機に用いられるようになったものである。信近はこの考案者を呼んできて指導を仰ぎ、牛行舎にこの紐引き織機を導入した。他の者がまだやっていない新しいことをやる、道具や設備は最新のものをそろえる、という信近の姿勢が、牛行舎にも色濃く表れていると言えよう。

牛行舎にどれくらいの従業員がいたのか記録は残っていないが、操業は順調にスタートし、「お武家がこんなことをするのか」と、地域の人々の注目を集めた。

しかし、牛行舎の事業が順調に運び、儲けになることがわかると、同業他社が現れてきた。牛行舎の弱点は士族しか雇用しないことで、「ひろく従業員を募集する」ことができない。士族救済のための事業として創業したものだから仕方がないとはいえ、規模を拡大し、規模の経済の原理が働いて有利になるということがなかった。たとえば、「牛行舎の製品をうちで仕入れるから、姪を雇ってくれまいか」という申し出があっても、「牛行舎は士族しか雇用しないことになっているので」と断らざるを得ない。

そういう事情で、次第に同業他社との競争に勝てなくなり、牛行舎は十年で閉鎖することになった。しかし牛行舎は、十年間は従業員士族たちに生計の道を与えることができたわけで、ここで技術や技能を見につけた人たちは、他社に移ってもまた生きていくことができた。所期の目的は果たしたといえる。

また信近は、「製靴と小倉織をこの地域でやったのは、牛行舎が初めてであった」と、新しい事業を始めたことをむしろ強調している。

十一　第五十二国立銀行

つぎに小林信近が取り組んだのは、近代的銀行の設立である。

幕末から明治の初めにかけて、日本の貨幣制度はさまざまに混乱したが、明治四年五月、新政府は新貨条例を発布した。金貨を本位貨幣とし、貨幣の単位をそれまでの両・分・朱に代えて、円・銭・厘とするというもので、百銭が一円、十厘が一銭である。これに伴い、新しく二十円、十円、五円、一円の金貨と、五十銭、二十銭、十銭、五銭の銀貨、一銭、五厘、一厘の銅貨が発行された。一円金貨は重量が一と三分の二グラム、うち一・五グラムが金で残りは銅。五十銭銀貨は重量が十二・五グラム、うち十グラムが銀、残りは銅という具合であった。これによって、混乱していた貨幣制度は一応の落ち着きを見た。

さて、紙幣のほうである。紙幣には、発行した政府なり銀行なりが、紙幣所有者に要求されれば金貨や銀貨と交換する義務がある兌換紙幣（兌換券）と、その義務のない不換紙幣（不換券）

がある。

新政府は明治元年に太政官札（不換紙幣）を発行し、その後、民部省札（同じく不換紙幣）、大蔵省兌換証券などを発行したが、新政府に対する信用がまだ低く、流通力が低かった。

また各地の金融機関は、先に述べた興産会社のような有力商人がつくったもので、それぞれに小規模なうえ、なかには高利貸し的性格のものも見られたという。

殖産興業のためには、日本全国で通貨の流通量を安定的に増やしていく必要がある。そこで明治政府では伊藤博文らが主唱し、明治五年十一月、国立銀行条例を公布した。アメリカのナショナル・バンク（National Bank）に範をとって、全国に国立銀行を普及させようとしたのであった。ここでいう国立銀行とは「国が定めた基準に則って設立された銀行」という意味で、民間が出資する民間銀行であり、国が出資してつくった銀行という意味ではない。

その「国の基準」は、なかなか厳しいものであった。株式会社の形態をとり、資本金は五万円以上。銀行券すなわち紙幣の発行権を認めるが、これは兌換紙幣で、資本金の四〇％は、兌換準備のために正貨すなわち金貨で準備しなければならない。銀行券の発行限度額は、資本金の六〇％までというものであった。

これだけの基準を満たして設立・営業できる銀行は、そうたくさんはなかった。

国立銀行には、設立された順番に番号が付けられていった。第一国立銀行は、東京で渋沢栄一らが設立した。資本金二百四十四万円は、さすがである。第一銀行は、のちに第一勧業銀行→みずほ銀行となっていった。第二国立銀行は、現在の横浜銀行の前身となった。第三国立銀行は、やはり東京で、のちに安田銀行→富士銀行→みずほ銀行となっていった。第四国立銀行は、新潟が本拠地で、現在も第四銀行の商号で営業を続けている。第五国立銀行は大阪で設立され、のちに本店を東京に移し、変遷を経て現在の三井住友銀行につながる。

明治九年までに、これら五つの国立銀行が設立されたが、普及の度合いは、政府の期待を大きく下回っていた。明治九年、それまで家禄奉還に応じていなかった士族・華族に対しても、秩禄《ちつろく》処分が断行されることになった。政府は、大量の公債を発行することになる。このことも相俟って、政府は明治九年九月、国立銀行条例を改正した。株式会社であることには変わりはないが、資本金は地域の人口に応じて、五万円〜十万円。国立銀行は、士族の金禄公債を預かることができる。また、金禄公債と引き換えで株主になることもできる。これを担保として、国立銀行は、預かった公債総額の八〇%まで銀行券を発行できる。しかも不換紙幣でよいことにした。この改正によって国立銀行はたいへん設立しやすくなり、以後、明治十二年までに第百五十三銀行まで設立された。政府は「もうこれで十分」と考え、これ以上の国立銀行の設立は認めないことにした。

愛媛県では、明治十一年一月、西宇和郡川之石浦に第二十九国立銀行が設立されたのが国立銀行の最初であった。旧宇和島藩主の伊達宗城《むねなり》が、明治二年から明治四年まで大蔵卿を務めたこともあり、明治十年に第二十国立銀行を東京で設立。その延長で、川之石に銀行設立を勧めたという事情があった。川之石は、海産物・木蠟・茶・生糸など近隣の生産物の集散地であり、商取引がさかんで裕福な商人の多かったところである。矢野小十郎という人が中心になり、旧宇和島藩士・地元の商人・地主・網元たちから資金や金禄公債を集めて、国立銀行を設立したのであった。

松山では、小林信近はじめ旧松山藩士族の加藤彰、伊藤奚疑《けいぎ》というような人たちが、国立銀行は士族授産・士族救済に大いに役立つと考えて、松山にも設立しようと企図した。しかし、道のりは平坦ではなかった。当時は、銀行とか株式会社とかいうことがなかなか理解されず、出資しようという士族は思うように見つからなかった。

当時の愛媛県権令《ごんれい》(各県の行政長官のうち、五等官の者は権令、四等官の者は県令と呼んだ。明治十九年からは知事という名称で統一)岩村高俊の、「士族は理屈は言っても資力に乏しい。商人は商売には熟練しているが、規則などには認識が十分でない。両者を併せるとよいだろう」という取りなしもあり、興産会社が四万円を出資するという話になった。士族らの出資と合わせて八万円の目途が立った。国立銀行設立手続き打ち合わせのため、伊藤が上京したところ、大蔵省からは、「どうせなら資本金を十万円にしたほうが、紙幣もたくさん発行できてよいのではないか」という話があった。伊藤がこの話を持って帰ると、もともと士族と協同で事業を行うことに消極的だった興産会社は、「十万円はとても無理だろうから、もとの話の四万円は出さない」

と言い出した。信近たちは大いに困ったが、なんとか士族たちを説得して七万円をかき集め、小林信近が上京して大蔵省と交渉し、資本金七万円で第五十二国立銀行の設立認可を得た。大蔵省の高級官僚も、信近が交渉するとなんとかなったようである。

明治40年ころの五十二銀行本店（『伊予銀行史』より）

これが明治十一年九月で、同月二十五日に開業した。資本金については、七万円できちんと開業できたという実績を見て出資者が増え、開業翌年の一月からは十万円となった。

最初の頭取には、信近が就任した。ところが同年十二月に、岩村権令から、「和気・温泉・久米郡の郡長をやってくれ」という話がきた。信近は、「自分は銀行経営を始めたばかりなので、利害が相反するかもしれない行政官とは両立しない」と固辞したが、岩村権令の再三の頼みを断りきれず、五十二銀行の役員を辞任して郡長の職に就き、愛媛県から俸給をもらう身となった。五十二銀行のほうは、加藤彰が頭取となった。

岩村権令はもと土佐藩士で、戊辰戦争のときには前線で戦い、動乱をくぐりぬけてきた人であった。愛媛県に赴任し

五十二銀行跡に立つ石碑
（松山市三番町）片上撮影

てからは、できるだけ地元の人物を登用するという方針だったといわれるが、小林信近はよほど信頼できる人物だと思われたのであろう。

五十二銀行の本店は最初、紙屋町（現在の本町三丁目あたり）に置かれたが、明治十四年に三番町に移転した。経営内容を見ると、明治十一年末には預金残高、貸出残高ともに三万円程度であったものが、明治二十年にはそれぞれ三十二万円と二十二万円。士族以外の取引相手もしだいに増えていき、規模は急速に大きくなっていった。愛媛県をはじめ、役所の公金、病院や学校の準公金を取り扱ったのも大きかった。同年の収益が約三万円。純利益が約二万円。一株の額面が五十円であった株式の配当利回りが一六％前後。

国立銀行券の図柄は、全国共通であったが、五十二銀行が開業当時に発行した紙幣の図柄を見ると、オモテ面は一円札が水兵、五円札が鍛冶屋、ウラ面は、どちらも恵比寿天と算盤であった。富国強兵・殖産興業という、当時の人々の心意気のようなものが感じられる。

明治十二年に、国立銀行がこれ以上増えないとなると、各地で民間の普通銀行が設立されていき、金融と通貨流通はますます盛んになっていった。

明治十五年、日本の中央銀行である日本銀行が、まさに「政府の銀行」として開設され、紙幣発行権は日本銀行が独占することとなった。各国立銀行からは、「国立」の文字が消えて、普通民間銀行となった。五十二銀行は順調に経営規模を拡大し、のちに二十九銀行、今治商業銀行などと合併を重ねて伊予銀行となり、現在も愛媛県最大の地方銀行として地域の金融をリードしている。

5円札（伊予銀行所蔵）

ウラ面の恵比寿天と算盤

1円札の水兵

旧藩主・久松家は、明治九年に栄松社という金融会社を資本金五万円で開設していた。やはり、旧松山藩士族への融資を行なったり、常磐会という久松家がつくった奨学組織に関係する送金業務なども行なっていたが、明治三十九年には五十二銀行が吸収合併した。もとの殿様がつくった金融機関を、家臣がつくった銀行が吸収したという形になる。

明治十二年四月、西条に国立第

百四十一銀行が資本金五万円で設立された。これは、その後いくつかの銀行と合併して芸備銀行となり、いまの広島銀行となっていった。

国立銀行設立の目的は、各地域経済の活性化と、士族授産・士族救済ということであったが、大部分の国立銀行はこの目的をおおむね果たしたといえよう。

正岡子規は、父が家禄奉還の前に亡くなって幼いころに家督を継いでいた。子規の母・八重は、家禄奉還金千二百円のほとんどを八重の弟・大原恒徳《つねのり》に預けた。恒徳は五十二銀行に勤め、支配人にまで昇進した人であった。正岡家の千二百円は、恒徳の手によって五十二銀行に預金されたり、その株式購入に充てられたりして、きわめて慎重に管理運営され、子規の教育のために用心深く支出されていった。子規がちゃんと大学まで行けた大きな理由のひとつがここにある。子規は明治二十六年に大学を中退して新聞「日本」に就職した。司馬遼太郎は、子規が就職するころまでに千二百円はほとんど使い果たされていただろうと推測しているが、柳原極堂の『友人子規』によれば、明治二十六年の五十二銀行株主名簿で、子規は四株の株主になっており、配当金も受け取っていたようである。ちなみに、新聞「日本」における子規の初任給は月額十五円。亡くなる直前の月給が四十円であった。

子規から大原恒徳宛ての書簡は、残っているものだけでも九十三通に及ぶ。子規が亡くなる直前まで音信は続いた。金子《きんす》の無心をするものも多いが、そのときそのときの病状や生活の様子を報告したり、子規の看病を続ける母・八重や妹・律の苦労を気遣う内容のものもたくさんあり、子規が最後まで大原恒徳に感謝し、頼りに思っていた様子がよくわかる。

五十二銀行は、正岡子規という偉大な文学者が育ち、活躍することにも一役買っていたのであった。

そして、子規のように、五十二銀行のおかげで落ちぶれないですんだ士族が、どれだけたくさんいたことだろう。

十二　伊予鉄道の設立開業

牛行舎を起こし、五十二銀行を立ち上げた小林信近が次に企図したのは、松山城下と三津浜の間に鉄道を走らせるという、当時としては突拍子もない事業であった。

信近がこのことを発想したについては、たいへん具体的な事情があった。江戸時代に松山藩の所有であった久万山の山林は、一度新政府の所有になったが、その後、民間に払い下げられた。その一部のヒノキ林三百ヘクタルを小林信近ら有力士族が共同で買い取った。

久万山から材木を伐り出し、製材して関西市場へ出荷すると、たいへんよく売れた。しかし、松山城下と三津浜を結ぶ道路の路面は凹凸が激しく、特に雨の後などはぬかるみと水たまりだらけで、荷車の通行にきわめて不便であった。松山—三津浜間の運送費用のほうが、三津浜—大阪間の船賃よりも高くつくほどであった。

このころ信近は、「内務省土木局臨時報告」という冊子を入手して熟読した。なかに、ドコービル社の軽便鉄道のことが解説されていた。フランスにポール＝ドコービルという人がいて、この人は、サトウキビ畑や蒸留酒製造所を経営していたが、サトウキビなどの輸送のために、軌間（二本の線路の間隔）の狭い軽便鉄道というものを考案した。最初につくったのは、軌間四〇〇㎜のまことにかわいらしい鉄道であったという。ちなみに、日本の在来線は軌間一〇六七㎜、新幹線規格だと一四三五㎜である。

やってみるとなかなか便利で、彼は一八七五（明治八）年にドコービル社を起こし、軽便鉄道を西洋各国やアフリカ・中南米などに売りまくった。同業他社もどんどん現れ、軽便鉄道は西洋各地で、農作物・石炭・鉱石などを運搬するのにさかんに使われるようになった。また、客車を付けて人も運ぶところもしばしば見られた。

なおドコービルは、一大実業家であると同時に、エヴリー市の市長、フランス元老院の議員などを務めた政治家でもあった。ドコービルはいろいろな会社を立ち上げたが、そのなかで油圧プレス機を製造する会社は現在も営業を続けているという。こういう点、小林信近とたいへんよく似ている。信近の心のなかには、ずっとドコービルのことがあったものと思われる。

こうした西洋の様子を知った信近は、「軽便鉄道を民間の力で開設経営し、愛媛県のような道路不完全の地に応用して運輸交通の便を開けば、産業の発達はもちろん、人文開発の一大捷路となるであろう」と心を燃え立たせた。

なぜ松山藩が周防大島で負けたか、長州や薩摩がなぜ強かったか、信近にはよくわかっていた。蒸気機関の強力さ、その仕組みについては、土佐藩から蒸気軍艦を借りてきたとき目のあたりにした。とにかく、新しい機械や道具をいち早く取り入れ、うまく運用した者の勝ちである。

この当時、政府鉄道局は日本国じゅうに鉄道を走らせようと路線を拡張しつつあったが、愛媛県までやってくるのは、まだ何十年も先のことであろうと思われた。実際、松山までやって来たのは昭和二年のことであった。明治十年代後半、民間が経営する鉄道会社は、東京府上野から群馬県高崎を結ぶ日本鉄道と、大阪と堺を結ぶ阪堺鉄道の二つだけであった。

東京や大阪に比べればはるかに田舎の四国松山で、民間の力で鉄道を走らせるなどは、ほとんど荒唐無稽な話であったが、思いついたら素早く行動するのが信近である。松山城下と三津浜の間の交通量を調査し、機関車・車両輸入の費用、線路敷設の費用などを見積もり、資本金四万円くらいあればなんとかなるという見込みを立てた。そして、これらの調査結果と見積書を添え、政府鉄道局に鉄道敷設の認可申請を出したのが、明治十八年六月であった。

ときの愛媛県令は、佐賀県出身の関新平であった。関県令は、前任の岩村権令とちがって、自由民権運動を厳しく弾圧し、官僚主義的に物堅い人であったと伝えられる。関県令の高圧的官僚主義に反発した信近は、明治十三年七月、関県令赴任直後に、岩村権令から任命されていた郡長の職を辞任して、再び民間の人となっていた。

鉄道局から内々に県令に話があったのであろう、関県令から信近たちに、「同じ鉄道を敷くなら、政府がやっている普通鉄道でやってはどうか」という話があった。信近が、「普通鉄道では実地に適さない」という旨の返答をしたところ、「聞き届け難し」と言われ、申請書は却下されてしまった。信近は県庁を訪ねて不許可の理由を詳しく聞こうとしたが、関県令の言うことは要領を得ず、納得できないものであった。

要は、政府鉄道局も関県令も軽便鉄道というものがよくわからず、「田舎者が、政府のやっている鉄道と異なる規格のものをやろうなどと考えるな」と言いたかったようである。

しかし、これで引き下がる信近ではない。諸外国の実際の様子なども、より詳しく研究し、鉄道局を説得しようと考えた。

ちょうど横浜にジョン・ダイアックという土木・鉄道技術者がいた。イギリス出身のダイアックは、いわゆるお雇い外国人で、明治三年、新橋―横浜間にわが国で初めて鉄道が走ったとき、敷設工事も含めてなにもかも、事業一切を全面的に指導した人であった。政府との雇用関係がなくなってからも横浜にとどまり、土木・建築の設計事務所を自営していた。信近は横浜にダイアックを訪ね、自分の企図を話した。ダイアックは大いに喜び、鉄道事業は現在の運輸量、将来の見込みに合わせて、大小広狭の選択を誤らなければ、必ず成功すると説いた。信近はこの一言に力を得て、松山―三津浜間の交通量、将来の見込み、地形などを具体的に示した。ダイアックは軌間を二フィート六インチすなわち七六二㎜にするのが適切だと判断し、また、カーブでの曲率の取り方や枕木の敷き方など、細部にいたるまで詳しく教えてくれた。信近はそういう工学的なことも、聞けばちゃんと理解できる人物であった。

ダイアックの教えをもとに設計を一部変更し、信近は作成した趣意書・願書も添えて、明治十九年十月、愛媛県を通じて再び政府鉄道局に申請書を提出した。長文のため引用はしないが、このときの趣意書「松山鉄道会社創立ノ趣旨」ならびに願書「軽便小鉄道敷設方ノ儀ニ付願」は、実に説得力のある立派な文章である。

書類だけではまた却下されるかもしれないと考えた信近は、上京して政府鉄道局を訪れ、担当官と直談判に及んだ。ちょうど長官が不在で、松本壮一郎という技官が応対した。松本技官は、「鉄道について何らの知識もない一介の田舎者が、わが国に例のない軽便小鉄道などというものを出願するなどは、正気の沙汰ではない。はなはだしく不心得である」と信近を頭ごなしに叱りつけた。しかし信近はこれに屈せず、軽便鉄道の必要と可能性を諄々と説いた。信近の言うことは現実に基づき、理路整然として大いに説得力があったので、松本技官もしだいに認識を新たにしていったようである。しかし、政府の官僚としての意地もプライドもある。「田舎者」に簡単に説得されたくはない。松本技官が最後に発したのは、「機関車は二両そろえると書いてあるが、一両が修理中で、もう一両を連日走らせたら、ついに破裂してしまうのではないか」という言いがかりのような質問であった。信近は瞬間答えに窮したが、すぐに機転をきかせて「西洋と往来する汽船もまた蒸気機関を用いている。連日走らせているが、何隻も予備があるという話は聞いたことがない」と返した。松本技官はついに「それほどの熱心があるのなら、試みに許可を与えてみよう」と、しぶしぶ認可を出したということである。

つぎは出資者の募集である。一株十円にして、広く出資を募ろうとしたが、松山地域では、ほとんどの者が蒸気機関車とか鉄道というものを見たこともない。しかも、株式会社という形態もなかなか理解されない。鉄道敷設の計画は、ほとんど頓挫するかと思われたところで救いの神が現れた。関県令の後任、藤村紫朗県知事である。熊本出身の藤村は、県知事就任以来、全県的に養蚕を奨励するなど、積極的な産業政策を行なって「勧業知事」と言われていた人であった。

藤村は軽便鉄道敷設の計画にも大いに共鳴し、自らがまず五十株の株主になった。すると、明治九年~明治二十一年の間、讃岐と伊予は合併され、ひっくるめて愛媛県であったという事情もあり、金刀比羅宮の宮司・琴陵有常《ことおかひろつね》や、当時の新居郡市之川（現・西条市）でアンチモニー鉱山を経営していた大阪の藤田伝三郎、別子銅山の支配人・広瀬坦《ひろし》というような人々が次々と大株主になっていった。こうなってくると、栗田與三、藤岡勘左衛門、仲田伝之駈包直というような松山の資産家たちも話に乗ってきて、なんとか四万円あまりの資本金を用意することができた。なお、松山の栗田、藤岡、仲田の三名については、信近が料理屋に呼んで接待し、出資を依頼した。

このときは、信近自ら膳を運んだりしたので、あとで「小林さんは柄にもない芸当をしたものだ」と少々からかわれたという。信近は山ほど商談を行なったはずであるが、目的を達成するために酒食をもって相手を接待するというようなことはまずしない。そういう点ではカタブツだったようである。しかし、するときにはする。また、もと高級武士が商人のために膳を運ぶというような、江戸時代的身分制感覚では考えらえないことも、平気でやってのける人であった。こういう平等感覚が、多くの人々の信頼を得た理由のひとつなのであろう。

最初の株主総会は、明治二十年九月十四日であった。線路は、外側《とがわ》（現在の松山市駅）から三津浜（現在の三津駅）までとし、将来、高浜までの延伸を図ること、また会社名は、いずれ愛媛県じゅうにこの鉄道を広めるという抱負をもって、松山鉄道ではなく伊予鉄道とすることなどが議決された。

次に越えるべき山は、線路の敷設工事である。まず、工事のための測量は、県庁に福島というすぐれた技師がいるということで、この人に依頼。それに基づいて線路を敷いていったが、萱町《かやまち》のあたりで東からの線路と西からの線路が出合わない。別の技師に頼んで測量をやり直したが、それでも出合わない。結局、現場作業員の経験と勘に基づいて少しずつ線路を曲げていき、なんとかつなぐことができた。また、衣山のあたりは地盤が弱く、試運転で機関車を走らせてみると、その重みで線路が下へ曲がり、機関車が沈み込むような形になってしまった。この機関車を引き揚げるのが一苦労であったという。

車両と線路は、刺賀《さすが》商会という商社を通じて、すべてドイツから輸入した。二両の機関車は各七トンもの重量があり、分解して運ばれてきたので、ドイツから一緒にやってきた技師がこちらであらためて組み立てた。しかし、客車（一両に十二人〜十六人乗り）と貨車は分解のしようがないということで、そのまま大きな木箱に入ってやってきた。これらが三津浜の港に着いたときには、その陸揚げ作業を見る見物人が多数集まった。クレーンなどない時代、どのようにして陸揚げしたのであろうか。詳しい記録が残っていないのが残念である。

最初の機関車と客車

（『伊予鉄道百年史』より）

ドイツ人技師の指導のもと、列車を運転する訓練が行われたが、ことばも通じにくいうえに、ドイツ人はなかなか厳しく、日本人の機関手や火夫（罐たき）のなかには、ハンマーで頭をたたかれた人もいたという。

幾多の困難を乗り越え、伊予鉄道は明治二十一年十月二十八日から、松山駅―三津駅の間で営業運転を開始した。（松山駅の名前は、翌年に外側《とがわ》駅、明治三十五年に再び松山駅、昭和二年に国鉄松山駅ができてからは松山市駅となって現在に続く。以下、混同を避けるために、統一的に松山市駅と呼ぶことにする）

営業距離わずかに六㎞あまり。松山市駅からの始発が午前六時三十分、最終が午後八時。三津からは始発が午前七時十分、最終が午後八時四十分。途中の駅は三津口（翌年には古町駅と改称）だけで、五分間停車。松山市駅―三津間の所用時間が約三十分。客車・貨車それぞれ三～四両ずつを引っ張って、一日に十往復した。

乗客の運賃は、次の表のとおりである。なお、この時代、白米一升が四銭五厘程度だった。

開業当時の旅客運賃表

	通常切符			往復切符	
	上等	中等	下等	上等	中等
松山市駅・三津口間	五銭	三銭	一銭五厘	八銭	四銭五厘
松山市駅・三津間	十二銭	七銭	三銭五厘	十九銭	十一銭
三津口・三津間	八銭	五銭	二銭五厘	十三銭	七銭五厘

貨物については、五貫（十八・七kg）以下は一個につき一銭。十貫以下は一個につき一銭五厘。十貫を超えるものについては、一貫につき三厘を加えるという料金であった。

三津浜方面にたくさん運んだ貨物は、材木、紙、綿織物、藍染め製品などであった。三津浜から松山市駅に向けては、一番に魚介類。その他、各地からやってきた雑貨が運ばれた。

営業開始当初は、もの珍しさもあって多くの人々がこの汽車に乗った。「陸蒸気《おか》」を初めて利用する人々が大部分だったので、下駄や草履をわざわざ脱いで客車に乗り込む人、座席で正座する人などもしばしば見られた。六両～八両の車両を引っ張って走る機関車の力に「神威」を感じて、沿線で機関車に手を合わせて拝む人もいたという。

実は、社長・小林信近をはじめとする経営陣や株主たちは、「もの珍しさ」の期間が終わっても人々がこの鉄道を利用し続けてくれるかどうか、それが一番不安であった。しかし冬になっても乗客数は減らず、年末までの利用者数は延べ七万二千人あまり。これは、経営陣の予測の五〇％増しであった。最初の一年間の収入は一万四九〇四円（旅客運送一万三〇七八円、貨物運送一四八九円）。支出は人件費、石炭費など合計七七一二円。差し引き七一九七円の黒字で、株主には一年目に額面の七・五％、二年目には八％の配当を出すことができ、経営的には大成功であった。

開業当初の従業員の給与を見ると、月給でもらっていたのが、社長二十五円、幹事十七円、列

伊予鉄道創立３周年記念碑
（『伊予鉄道百年史』より）

車長十円、乗客係六円。日給でもらっていたのが、機関手六十～六十五銭、火夫二十二～二十五銭、乗客係助手十二～十六銭。掃除番十七銭、踏切番八銭、車両整備のための職工五銭～三十二銭といった具合である。社長以下、書記見習い、小使いに至るまでの社員総数八十二名であった。

営業距離わずかに六㎞あまりとはいえ、民間経営の鉄道としては全国で三番目。軽便鉄道としては全国初。当時の記録の断片からは、四国の田舎ではあっても、全国に先駆けて先進文明の一端を採り入れ、地域の発展を図るのだという熱気のようなものが感じられる。

政府鉄道局から「正気の沙汰ではない」などと言われながら、よくぞまあ、やってのけたものである。

明治二十八年四月、松山中学校の英語教師として松山へやってきた夏目漱石も、三津浜からこの鉄道に乗って、松山市駅までやってきた。のちに松山での経験をもとにして書かれたといわれる小説『坊っちゃん』のなかでは、「マッチ箱のような汽車」と書かれている。東京の標準軌（在来線規格）の鉄道しか見たことがなかった漱石にしてみると、松山の軽便鉄道はずいぶんと小さく見えたのかもしれない。

しかしこの「マッチ箱のような汽車」は、のちに述べるように、この地域に大きな経済発展をもたらす元になったのであった。

十三　鉄道と郊外リゾート

伊予鉄道が開通すると、三津浜に溌々園《はつはつえん》という料亭ができた。

正岡子規の祖父である大原観山の妻・シゲは、やはり漢学者の歌原という家の出身であった。シゲの弟・歌原邁《すすむ》も漢学者で、明治二十年ころには先に述べた栄松社の頭取をしていた。この歌原邁が、明治二十二年に三津浜内港の海岸端（現在の松山市住吉二丁目）で開業したのが溌々園であった。歌原は、地元の一色平八という人が所有していた生け簀《す》を五百七十円で買い取り、新鮮な魚料理を食べさせる料亭を経営し始めた。日本式庭園、塩湯、宿泊施設もあり、また、夏には近くの海岸で海水浴もできた。ちょっとしたリゾート地である。溌々園という名前は、歌原邁から依頼されて正岡子規が考えた。

松山市民は溌々園のことを「三津の生け簀」と呼び、多くの人が利用して大いに繁盛した。漱石の前任者はキャメロン・ジョンソンというアメリカ人であったが、この人も溌々園のことをた

浇々園の写真入り絵葉書　（愛媛県歴史文化博物館所蔵）

いへん気に入り、せっせと通ったようである。

都市と郊外リゾート地が鉄道で結ばれて成功したという例である。と言うより、鉄道が開通したからこそ、歌原邁も三津浜での料亭経営を思いついた。鉄道がもたらす経済効果のひとつである。

正岡子規も、もちろん浇々園をたびたび利用した。そのうちの一回のことを、子規は『筆まかせ』のなかの、「明治二十三年初春の祝猿」という文章に述べている。正月五日、子規も含めて五人の若者が浇々園に集まった。

子規は明治十七年に大学予備門に入学したが、予備門が第一高等中学校と改称され、このときは、その最終学年に在籍していた。九月には東京帝国大学文科大学哲学科に入学することになる。

その他の若者たちのうち、秋山真之は、海軍兵学校の最終学年に在籍中。

太田正躬《まさみ》は、東京の商法講習所（一橋大学の前身）を卒業して、大阪商業学校の教員。この後、大阪の日中貿易合資会社に就職する。

柳原正之（号は極堂）は、大学予備門に入るための予備校のような共立《きょうりゅう》学校までは子規と一緒に行ったが、松山に呼び戻され、このときは海南新聞（愛媛新聞の前身）の記者。

藤野潔《きよむ》（号は古白）は、子規の母・八重の妹と藤野漸《すすむ》の間に生まれた人である。子規の従兄弟ということになる。東京の須田塾で学んだりしたが、「神経過敏」なところがあり、このときは松山に戻って療養していた。のちに東京専門学校（早稲田大学の前身）に学び、俳句で才能を発揮した。子規は「明治俳句の啓明」と賞賛したりしたが、明治二十八年、不幸にして自らの命を絶ってしまった。

このとき五人は、三津口停車場までは歩いた。少し遅れてやってきた真之もそこで合流し、三津駅まで汽車に乗った。真之以外は中等の切符を買っていたのだが、後からやってきた真之は何も考えずに下等の切符を買ってしまった。しかし、他の者がみな中等切符だとわかると、下等切符を懐にうまく隠して、平気で中等車に乗り込んだ。

涳々園で酒が回ると、みなが勝手なことを言い出した。真之が一番乱れたようである。

真之「柳原、おまえは才子だ」

子規「松山才子の相場も大概決まったなあ」

創風社出版の詩歌句集②

☆ 話題の新刊 ② ☆☆☆☆☆☆☆☆☆☆☆☆☆☆

波瀾万丈の画家　八木彩霞　愛媛出版文化賞受賞　片上雅仁 著

八木彩霞という画家がいた ──。人生行きづまると、必ず救いの神が現れてなんとかなるという福々しさ。美男で美声、女性によくモテた。画家にして文人・思想家・教育者。多面的でダイナミックな彩霞の評伝。 1980 円

写楽堂物語　－古本屋の時代とその歴史－　岡本勢一 著

1960 年～ 80 年の学生運動を経て、チリ紙交換、古本屋、まんが喫茶、ネット販売と遍歴してきた著者の波乱の人生を軽妙に語る自伝的小説。図らずもその歩みは時代とともに大きく変化した古本屋の歴史と重なる。 2200 円

続・動物園のなにげない一日　みやこしさとし 著

大好評の愛媛県立とべ動物園発信コミックの第２弾！　飼育員の目線で動物園に起こった日々の出来事をユーモラスに表現、個性豊かな動物たちや飼育員のエピソード満載。動物園の新たな楽しみ方に出会う一冊。 990 円

私のエデンだより　小暮　照 著

これからの人生を託すと決めた松山エデンの園での暮らしも十年を過ぎた。季節毎に綴られたエッセイに、誠実に生きてきた歩みと穏やかな充足に満ちた現在の時間が刻まれる。世界各地のフォトエッセイも収める　1650 円

日本で過ごした二十ヶ月　愛媛出版文化賞受賞　H・G・ホーキンス 著

明治25年～明治27年､アメリカからやってきた旧制松山中学校の英語教師・ホーキンス先生の日本滞在記。外国人が見た当時の松山が活き活きと描かれる。愛媛 SGG クラブ松山支部英訳翻訳グループにより翻訳。 1100 円

ふぇっくしゅん　堀内統義 著

繊細な言葉が掬い取る日常の密やかな詩情
あるいは普段使いの言葉が誘う優しくなつかしい記憶
堀内統義が紡ぐ 32 篇の詩の世界　2200 円

台湾の近代化に貢献した日本人　愛媛出版文化賞奨励賞　古川勝三 著

台湾は日本が 50 年間も統治し、迷惑をかけたアジアの一員 ──。しかし、この間に台湾の近代化に貢献し、今も台湾の人々に慕われている多くの日本人がいる。当時の若き挑戦者達 23 名の偉業を紹介する。 1650 円

愛媛が生んだ進歩・革新の先覚者　中川悦郎 著

「よもだ」精神で読み解く中川悦郎の歴史論考　長く愛媛県政で活躍した中川悦郎は在野の歴史探究者でもあった。その著作をまとめ、多彩な分野で活躍した愛媛県人たち、草創期の革命の士たちの足跡を紹介する。 2200 円

風珈館異聞　大早直美 著

高校生の歩美がめぐりあった公園横の小さな喫茶店・風珈館。姉と弟の二人で営むその場所は、小さな奇跡の起こる場所だった。コーヒーの香りと低く流れる音楽のなか隣人達の交差する心が紡ぐ７つのエピソード。 1760 円

愛媛 文学の面影 中予編　愛媛出版文化賞受賞　青木亮人 著

豊穣なる愛媛の文化　三部作・一作目　町や村から往時の風景や賑わいが薄らぎ、人々の生活の足跡だけが遺された後、土地の面影を刻んだ記憶は精彩を放ち始める。中予ゆかりの文学や文化を縦横に語る随筆集。 2200 円

☆ 話題の新刊 ③ ☆☆☆☆☆☆☆☆☆☆☆☆☆

愛媛 文学の面影 南予編 愛媛出版文化賞受賞 青木亮人 著

愛媛ゆかりの文学や文化を語る三部作の第２弾・南予編。大江健三郎、二宮忠八、富澤赤黄男、坪内稔典、高畠華宵と亀太郎、大竹伸朗、獅子文六、畦地梅太郎、芝不器男、そして鉄道唱歌に牛鬼、段々畑…… 2200 円

愛媛 文学の面影 東予編 愛媛出版文化賞受賞 青木亮人 著

愛媛ゆかりの文学や文化を語る三部作の第３弾・東予編。俳人の高浜虚子や今井つる女、深川正一郎、山口誓子、種田山頭火、吉井勇、若山牧水、住友吉左衛門友成公、そして関行男、林芙美子、別子銅山…… 2200 円

四国遍路と世界の巡礼（上）最新研究にふれる 88 話 風ブックス 21

愛媛出版文化賞受賞 愛媛大学四国遍路・世界の巡礼研究センター 編著

1200 年の歴史を有し今なお生きた四国の文化である四国遍路と、世界の巡礼の学際的研究を進め、最新の研究成果を分かりやすく紡いだ 88 話・上巻。四国遍路と世界の巡礼の魅力について興味と理解を深める一冊。 1430 円

百姓は末代にて候 宮本春樹 著

「百姓は末代にて候」とは、寛文５年（1665）に幕府によって裁定された境界争いの折、裁判資料として幕府に提出された山形模型に添えられた言葉である。南伊予の山峡の村に遠い昔から伝わる木彫りの山形模型と一箱の古文書を軸に、四百余年にわたる時を生き抜いた森と人の物語。 1980 円

台湾を愛した日本人Ⅲ 古川勝三 著

台湾農業を変えた磯永吉＆末永仁物語

「台湾中の農民なら誰もが知っている日本人がいますよ」。蓬莱米を作り出した彼らはこう呼ばれたという。『蓬莱米の父』磯永吉、『蓬莱米の母』末永仁。台湾農業の近代化に尽くした二人の足取りを追う。 1980 円

新版 絵日記 丸山住宅ものがたり 神山恭昭 著

伝説の「絵日記　丸山住宅ものがたり」再販。神山ワールドが蘇る。
「愛すべき昭和のプロレタリア文学。涙と力が湧いてくる」（椎名誠）
付録：DVD『ほそぼそ芸術　ささやかな天才、神山恭昭』 1980 円

夏の終わりの俯瞰図 北沢十一 著

北沢十一の近作２１編を収める。作品の多くで川が流れ、川の流れに時の流れ、人生の折々、喪失と再生の物語が投影される。なつかしさと切なさを感じさせる詩集。 2200 円

路上観察 風景の見え方 乗松　毅 著

見方次第で様々な見え方をする風景を写真に切り取り、エスプリのきいた見立てのコメントをつけて楽しむ「ユーモア路上観察」。選りすぐりの 101 点を収める。街を歩く楽しみを教えてくれる一冊。 1320 円

高齢を生きる知恵 谷　正之 著

街の弁護士の現場から伝える高齢期を賢く生きるための案内書　認知症の方の成年後見、死亡に伴う相続、遺言書の作成…。高齢期に生じる重要問題にどう対処すればよいか、事例をもとに具体的な対処法を説く。 1650 円

考える・提言する・役に立つ

久万高原の聞き書き		藤目節夫	2200円
実践！ て・あーて 美須賀病院看護実例集		美須賀病院看護部 編	1320円
四国遍路の現代「お接待」と歩き遍路	愛媛出版文化賞受賞	竹川郁雄	2200円
日本文化史再考		小野寺満	1430円
放射線を浴びたX年後		和気一作 著　伊東英朗 原作	1980円
大学生のための 健康・スポーツの基礎知識		青木謙介・曽我部敦介	1650円
愛媛学を拓く	愛媛出版文化賞奨励賞	チームびやびや	2310円
と見こう見 長谷川美和子のカウンセリング		長谷川美和子	1760円
新説 社会的分業論		山口憲一郎	2200円
癒し 地域包括ケア研究 聖カタリナ大学30周年・聖カタリナ大学短期大学部50周年 開学記念特集号	愛媛出版文化賞受賞		2200円
落穂を拾えば		三浦和尚	1430円
化学と空想のはざまで 青い地球と酔文対話		北條正司	1980円
人の痛み この震災を転換点に		東日本大震災愛媛県内被災者連絡会	1540円
外国人住民の「非集住地域」の地域特性と生活課題 ー結節点としてのカトリック教会・日本語教室・民俗学校の視点から		徳田剛／二階堂裕子 魁生由美子	1760円
時々の意見・日本近現代史・民主主義		武田博雅	1540円
日本の腎臓病患者に夜明けを 透析ガラパゴス島からの脱出	【日本図書館協会選定図書】	近藤俊文	2420円
ニホンカワウソの記録	【日本図書館協会選定図書】	宮本春樹	1650円
玉川の文化史 六玉川の古歌と風土		玉井建三	1760円
カウンセリング論入門	愛媛出版文化賞奨励賞	石川正一郎	2640円
自適農の地方移住論		西山敬三	1650円
自適農の無農薬栽培 無農薬で野菜の病虫害にどう向かうか		西山敬三	1760円
日本人に知ってほしい「台湾の歴史」	【日本図書館協会選定図書】	古川勝三	1320円
教育へ ー亡き父への返信ー		稲葉光洋	1760円
オルテガ・イ・ガセットにおける人生論		ホビノ・サンミゲル	1540円
今治発！地域史研究家ケイボンがゆく	愛媛出版文化賞奨励賞	大成経凡	1430円
歴史の資料を読む		愛媛大学「資料学」研究会	2200円
歴史と文学の資料を読む		愛媛大学「資料学」研究会	2420円

郵便はがき

恐縮ですが切手を貼ってお出し下さい

7 9 1 - 8 0 6 8

愛媛県松山市
みどりヶ丘9－8

創風社出版 行

●今回お買い上げいただいた本の書名をご記入下さい。

書名

お買い上げ書店名	
(ふりがな) お名前	(男・女) (　　歳)　㊞
ご住所	〒 (TEL　　　　FAX　　　　) (E-mail　　　　)

※この愛読者カードは今後の企画の参考にさせていただきたいと考えていますので、裏面の書籍注文の有無に関係なくご記入の上ご投函下されば幸いです。

◎本書についてのご感想をおきかせ下さい。

創風社出版発行図書　購読申込書

下記の図書の購入を申し込みます

書　　　　　名	定　価	冊　数

ご注文方法

☆小社の書籍は「地方・小出版流通センター」もしくは「愛媛県教科図書株式会社」扱いにて書店にお申込み下さい。

☆直接創風社出版までお申込み下さる場合は、このはがきにご注文者を明記し、ご捺印の上、お申込み下さい。送料無料にて五日前後で、お客様のお手元にお届け致します。代金は、本と一緒にお送りする郵便振替用紙により、もよりの郵便局からご入金下さい。

楽しむ・感動する ＜文学 エッセイ～小説＞

昭和俳句の挑戦者たち 草城と誓子、窓秋と白泉、そして草田男	近藤栄治	2200円
祖父のいる森 愛媛出版文化賞奨励賞	河鰭万里	1980円
青い夜道の詩人 日本詩人クラブ詩界賞	堀内統義	2200円
戦争・詩・時代 平和が平和であるために 愛媛出版文化賞受賞 日本詩歌句随筆評論大賞 奨励賞	堀内統義	1650円
恋する正岡子規 愛媛出版文化賞受賞	堀内統義	1540円
喩の島の懸崖 【日本図書館協会選定図書】	堀内統義	1650円
浮游蕩蕩 まつやまイエスタデイ＆トゥデイ	堀内統義・神山恭昭	1601円
退職老人日記	柳　哲雄	1100円
続・退職老人日記	柳　哲雄	1100円
地球素描 －海洋学者の見た世界の環境事情－	柳　哲雄	1760円
続・地球素描	柳　哲雄	1760円
桑原武夫と「第二芸術」 青空と瓦礫のころ	鈴木ひさし	1650円
松籟の下に 泉原猛作品集	泉原　猛	1760円
墓場の薔薇《しょうび》	泉原　猛	1760円
永き遠足 愛媛出版文化賞受賞	泉原　猛	1760円
青鷺と遊ぶ 中田高友随筆集	中田高友	1540円
中田高友随筆集	中田高友	1540円
草木塔【復刻版】 没後80周年記念	種田山頭火	1650円
草萌ゆる 山頭火―草庵時代の句	種田山頭火	1650円
小説 武左衛門一揆 ちょんがりの唄がきこえる	二宮美日	1650円
戦争と俳句 『富澤赤黄男戦中俳句日記』・「支那事変六千句」を読み解く 愛媛出版文化賞奨励賞	川名 大	2750円
随筆 ふるさと探訪	黒瀬長生	1540円
ちろりんだより	西川則孝・西川文抄子	2057円
晴れときどき ちろりん	西川則孝・西川文抄子	1760円
港町純情シネマ 愛媛出版文化賞受賞	吉村信男	1650円
カナンの地 愛媛出版文化賞奨励賞	小暮　照	1870円
パナマ運河を渡る風	小暮　照	1980円
金の蛙 －日本人学校の窓から眺めたパナマの姿－	小暮　照	2136円
近代俳句の諸相 俳人協会賞評論賞受賞	青木亮人	2750円
さなぎたち	大早直美	1760円
風のカナリヤ	大早直美	1870円

村の記憶 ー留吉さん九十二歳が綴る物語ー 愛媛出版文化賞受賞	徳田留吉 著・太田由美子・編	2750円
はまゆう年代記 海と山の約束 愛媛出版文化賞受賞	宮本春樹	1760円
正岡子規の日常	泉 寔	1650円
子規の文学 ー短歌と俳句ー	泉 寔	1650円
王成記 どうぶつ奇想天外っ!!	だちょうのタマゴ。	660円
王成記 お元気ですか?	だちょうのタマゴ。	660円
小説 塩成堀切	木野内孔	1320円
武左衛門・起つ	木野内孔	1100円
ふだん冒険記 【日本図書館協会選定図書】	敷村良子	1870円
女は野となれ山となれ	敷村良子	1320円
へんろ曼荼羅(まんだら)	早坂 暁	1980円
大事に小事	坪内稔典	1760円
潮 沫(しおなわ)	石崎 翠	1540円
海をわたる月	図子英雄	1980円
森からの通信	甲斐芳子	1760円
約149万人の 媛語読本	いせきこたろう	1870円
式子有情 軒端の梅は我を忘るな 愛媛出版文化賞受賞	中奥英子	1760円
過ぎし日は 物好き少年成長期	佐竹正郎	1650円
エッセー集 昨日の雨	小松紀子	1540円
エッセー集 キャベツの行方 【日本図書館協会選定図書】	小松紀子	1650円
歯の抜けた仏さま	川中一幸	1815円
マイグラント・ラブ ー遠ざかる国境ー	深見 史	1601円
遺作小説 たるにゆ犀	久保 斉	1174円
しろじょうさんの八月	マオアキラ	1601円

過去を知る　＜歴史・人物＞

「朝鮮通信使饗応の絵巻物」蝦夷地伝来の謎	合田洋一	1760円
伊予が生んだ実業界の巨人　八木龜三郎　愛媛出版文化賞大賞	大成経凡	1980円
しまなみ海道の近代化遺産　足跡に咲く花を訪ねて	大成経凡	1980円
伊予松山　裁判所ものがたり【明治編】	矢野達雄	2420円
サムライ起業家・小林信近	片上雅仁	1430円
帰　村（改訂版）　武左衛門一揆と泉貨紙	宮本春樹	1870円
葬られた驚愕の古代史　越智国に"九州王朝の首都"紫宸殿ありや	合田洋一	3080円
教養としての日本史　＜上下巻セット＞	白石成二	5500円
伊予　天徳寺　千四百年の歴史	田中弘道	3850円
復刻版　南豫史　創風社出版創業30周年記念出版	久保盛丸 著／神津陽 監修・解説	9900円
豊川渉の思出之記	望月 宏・篠原友恵 共編	2200円
古代四国の諸様相	松原弘宣	4400円
私と古代史研究	松原弘宣	1320円
庄屋抜地事件と無役地事件　－近世伊予から近代愛媛へ－	矢野達雄	4400円
台湾を愛した日本人　[改訂版]　－土木技師 八田與一の生涯－	古川勝三	2420円
古代越智氏の研究　ソーシァル・リサーチ叢書　愛媛出版文化賞受賞	白石成二	3300円
高山浦幕末維新史話　宇和島藩領高山浦幕末覚え書II　愛媛出版文化賞奨励賞	田中貞輝	3520円
宇和島藩領　高山浦幕末覚え書　ある古文書所持者がしたこと　愛媛出版文化賞大賞受賞	田中貞輝	3520円
明治の国軍創設と兵士の反乱・農民の暴動	山崎善啓	1760円
朝敵伊予松山藩始末　土州松山占領記　愛媛出版文化賞受賞	山崎善啓	1870円
瀬戸内近代海運草創史	山崎善啓	2750円
幕末・明治初期の海運事情	山崎善啓	1980円
『日本少年』重見周吉の世界　愛媛出版文化賞奨励賞	菅　紀子	1980円
日本少年－少年少女版－	重見周吉 著／菅　紀子 訳	1320円
岡本家の矜恃	木下博民	3850円
はばかり人生	木下博民	2420円
八幡神《やわたのおおかみ》万華鏡《まんげきょう》　神託とはなにか 加護とはなにか	木下博民	2420円
私の昭和史　宇和島・ふるさと交友録	木下博民	2750円
評伝　森岡天涯　－日振島の自力再生にかかわった社会教育者の生涯　－	木下博民	1980円

お国自慢お練話 **八つ鹿踊りと牛鬼**　木下博民　1760円

芝義太郎 幸運を手綱した男の物語　木下博民　4180円

信念一路 丸島清（市立宇和島商業学校校長）の生涯　木下博民　4950円

南豫明倫館 僻遠の宇和島は在京教育環境をいかにして構築したか　木下博民　5500円

通天閣 第七代大阪商業会議所会頭・土居通夫の生涯　木下博民　3080円

北上して松前へ —エゾ地に上陸した豪州捕鯨船—　**高知出版学術賞受賞**
ノリーン・ジョーンズ 著 北條正司／松吉明子／エバン・クームズ 訳　2420円

第二の故郷 豪州に渡った日本人先駆者たちの物語
ノリーン・ジョーンズ 著 北條正司・白籏佐紀枝・菅紀子 訳　1980円

湯築城（ゆづきじょう）**と伊予の中世**　川岡勉・島津豊幸 編　1980円

伊予の近世史を考える 増補版　内田九州男　1870円

猿丸大夫は実在した!!　**愛媛出版文化賞受賞**　三好正文　1980円

絵馬と薫風 史論とエッセー　島津豊幸　1430円

名優 井上正夫伝 **舞台大変**　【日本図書館協会選定図書】　上田雅一　1815円

凡 平 ー「勇ましい高尚な生涯」を生きてー　玉井 葵　1650円

兎の耳 ーもう一つの伊達騒動ー　神津 陽　2200円
【全国学校図書館協議会選定図書 日本図書館協会選定図書】

瀬戸内を歩く　<写真と文で楽しむ>

知られざる宇和海
日振島 藤原純友財宝伝説の行方　霜村一郎 著
純友はどこに財宝を隠したのか？ 歴史を繙き、その謎を追う。　1540円

えひめ愛南お魚図鑑　高木基裕／平田智法／平田しおり／中田親 編
温帯性魚類とともに熱帯性魚類も生息。日本全体の４分の１の種類の魚類が生息する愛南の海の詳細な魚類図鑑。　**愛媛出版文化賞奨励賞受賞**　3850円

重信川の自然　藤島弘純 編
松山平野を貫流する重信川　そのすべてが一冊になった！重信川の治水や歴史にはじまり、魚・鳥・昆虫・植物・そして川の文化まで。　1980円

街角のホームズ えひめ面白散歩学　えひめ路上観察友の会 編
マンホールの蓋に始まり、建物や神社の狛犬、果ては動・植物に至るまで、ちょっと見方を変えるだけで面白いもの、不思議なもの発見。　1650円

石の博物誌 ー四国・瀬戸内編ー　**愛媛出版文化賞受賞**　杉岡 泰 著
悠久の生命を持つ石、 それは過去と未来を結ぶロマンのメディア。 ユニークな視点から石と人との関わりを探る四国・瀬戸内探訪記。　2200円

石の博物誌 II **瀬戸「石」海道**　杉岡 泰 著
ー瀬戸内海という花道を、文化や権力、人間、宗教、物資、あらゆるものが下手から上手へ上って行き、石の舞台に辿り着くー　好評の続編。　2750円

見て・読んで 楽しむ <絵・写真・造形～>

とべ動物園の本

Polar Bear PEACE 20 しろくまピース、20歳になりました　愛媛県立とべ動物園 著
成長してもなお愛らしいピースの日常の姿を収める2冊目の写真集。 1760円

しろくまピース10年のおもいで　愛媛県立とべ動物園 著
日本初の人工哺育に成功したホッキョクグマのピース、10年の写真集 1650円

動物園のなにげない一日　愛媛出版文化賞受賞　みやこしさとし 作
とべ動物園の機関誌好評連載の「とべとべコミック」が一冊に！ 880円

ハナ子ありがとう　松浦梅子・松浦友貴 著
愛媛県立とべ動物園の人気者、インドぞうハナ子の33年間の生涯。 1430円

写真集

陶磁　飾　工藤省治 著
「文様の工藤」のデザイン集。大胆にして簡潔な世界を一望。 3300円

工藤省治陶磁器集　工藤省治 著
砥部焼きを代表する現代の名工・工藤の半世紀を超える作品集。 3300円

創作人形 高橋満利子 人形作品集　高橋満利子 著
気品高く表情豊かな“満利子人形”の魅力を再現する写真集。 4180円

大人の絵本　創作昔話

龍山人の 石鎚山麓昔話　平井辰夫 文・絵
艶笑譚に怪異譚に滑稽譚。霊山・石鎚山に育まれた昔話。 1980円

コミック～劇画

錬夢術遊戯　得松ショージ 作
前衛的漫画雑誌「ガロ」掲載作品に新作を加えた珠玉の短編集。 1650円

愛について　白石あゆ 作
漫画家になるために生まれ、24才で散った白石あゆの作品集。 1320円

創作絵本

けいかいくいき　ぶたまるさんがいく　マオ・アキラ 文　さかもとひろかず 絵・写真
3.11東日本大震災・原発事故の後、動物の救護活動を続ける人々。 1257円

ワニ夫のなみだ　作・戒田節子　絵・青木のりあき
あたたかいストーリーと色彩豊かな愛らしい絵の創作絵本。 1760円

絵と文で語る映画評論

猥々シネマ快館　得松ショージ 作
独特のイメージの絵と文で、名画の刺激的エロスの魅力を再現。 1760円

猥々シネマ快館 2　得松ショージ 作
異色の官能的映画讃歌的シネマガイドブック、待望の第2弾！ 1760円

猥々シネマ快館 3　得松ショージ 作
エロスの中に人生を考え、読むと映画を観たくなる、円熟の第3弾！ 1760円

イベント・美術

稲田博子画集 光と風の、色彩豊かな世界　稲田博子 作
抽象絵画を極めてきた稲田博子の集大成となる絵画集 5500円

詩画集　つるさんはまるまるむし　スミダヒロミ 編
個性的でのびやかな版画と詩　幼少年期の秘密の時間 2200円

冒険する知性 エスパス21 二十年の記録　乗松巌記念館　エスパス21 編
1994年開館、地域に根差した美術館の先進的な歩みの記録　1540円

造形思考の軌跡 ―森堯茂 彫刻の70年― 愛媛出版文化賞受賞　久万美術館 編
日本の抽象彫刻の黎明期をリードした森堯茂70年の仕事　2200円

小清水 漸 ―木の 石の 水の 色―　久万美術館 編
木を主な素材にし日本的な風土性や土着性を意識した作品図録　2200円

風景を拾う THE GLEANER　吉田淳治 著
創作の裏に隠されたユーモアとペーソス溢れるエッセイと作品　2750円

オール手描き

ぬりええほん **いろとりどりのテント**　神山恭昭 著
幼児から楽しめる塗り絵絵本。ほのぼのとした神山ワールド。　660円

わしの研究　神山恭昭 著
街ネタ何でも取材研究。飄々とした絵と文で綴る超個性溢れる研究レポート。　1760円

わしのための わしによる わしだけの **わしの新聞**　神山恭昭 著
絵日記形式で独特の世界を築くエッセイ集。『本の雑誌』8年度ベスト10　1760円

創風社出版で読む えひめの現在史

否定された腎移植 ―この国の医療のかたち―　村口敏也 著　1980円
臓器売買、病気腎移植…。四国の小都市で起こった腎臓移植事件の真実。

ドキュメント仙波敏郎 ―告発警官1000日の記録―　東 玲治 著　1980円
愛媛県の現職警官が警察の裏金作りを告発、劇的な勝利を手にするまで。

えひめ丸事故・怒りと悲しみの狭間で　山中利之 著　1980円
2001年2月、ハワイ沖の実習船えひめ丸事故は、何故起こったか。

愛媛の公共事業 **山鳥坂ダムと中予分水を考える**　須藤自由児 著　1430円
本当に山鳥坂ダムは必要か?!　公共事業計画と結果予測を多面的に検証する。

保守王国の崩壊 ―平成十年政変の"真実"―　藤原敏隆 著　1760円
平成会の成立に関わった著者が綴る、愛媛の政治を揺るがした政変の真実。

保守王国の政治 ―愛媛政治批評―　北原鉄也 著　1540円
研究上ブラック・ボックス化している地方保守政治。その謎の世界を解明。

ある日突然犯人に 無罪判決の教訓 地方出版文化功労賞次席　薦田伸夫 著　2136円
1990年『被告43名全員無罪』の判決を得た選挙違反容疑、その捜査の全貌。

現在愛媛の基礎知識 **論!**　大沢紘一 著　1496円
情報公開、丸刈り廃止、水不足問題等々、1995年当時の愛媛の問題点を論じる。

青い国は輝いているか ―四国環境レポート―　朝日新聞高松支局 編　1815円
進む環境破壊、危機に瀕する動植物、自然再生に挑む人々。四国の現状を報告。

架け橋の向こうに ―今治発・しまなみ海道―　中尾卓司 著　1760円
悲願の橋は、変化をもたらす橋でもある。「しまなみ」の光と影、そして課題。

女性解放の人権宣言 愛媛県男女共同参画推進条例批判　笹沼朋子 著　1760円
女性の人権全般に関わる様々な問題を行政救済という観点から網羅的に考察。

ウリハッキョ ―民族のともしび―　村口敏也 著　1760円
2002年。四国の小さな民族学校を舞台に"近くて遠い存在"を見つめる。

真之「太田に忠告することがある。妻をとるとも大阪の女は取ってくれるな。それよりは松山の女をとれえよ」

そこでみんなで太田を少々いじめた。

子規「君が今言った、〈ありません〉の〈せん〉は大阪の口調だよ」

太田「必ずそうとも言われない。大阪だって、ええものもあるよ」

……真之「正岡に言うが、お前、学校を卒業しても教師にはなるなよ。教師ほどつまらぬものはないぞい。しかし、こうやってお前が生きておるのは不思議だ」

ちなみに、松山の女と結婚しろと言っていた真之は、のちに東京出身の女性と結婚した。酔いにまかせて勝手なことを言い合い、最後は三津駅発午後八時三十分の最終列車に乗って松山に戻ったと子規は書いている。正しくは八時四十分かもしれない。

気心の知れた若者同士が酒を飲み、松山ことば丸出しで遠慮なく好きなことを言い合った。子規は、「この日の会は、近頃愉快を余に与へたるものなり」という。「神経過敏」であった藤野古白も、親戚やら学友やらのこういう集まりで、ずいぶんと癒されたようである。少し元気になって再び勉強し、翌々年には東京専門学校に入学した。

とにかく、松山中心部と鉄道で結ばれた浇々園は、当時としては貴重な郊外保養地であった。この後、鉄道が延伸されていくにしたがって、このような郊外保養地がしだいに増えていった。

十四　道後温泉と道後鉄道

実は、松山地域の場合、中心部と鉄道で結ばれた郊外保養地の最大のものは、道後温泉になっていく。

まずは、伊佐庭如矢《いさにわゆきや》という人のことを述べなければならない。

明治二十二年の市制・町村制施行により、松山城下町とその周辺は松山市となり、三津浜地域は三津浜町、道後地域は道後湯之町となった。この道後湯之町の初代の町長に就任した伊佐庭如矢は、文政十（一八二七）年、松山藩道後村の開業医・成川《なりかわ》国雄の三男に生まれた。幼少のころより秀才ぶりを発揮し、十六歳のときに、松山藩家老・菅五郎左衛門良弼《かんごろうざえもんよしすけ》（周防大島で腰を撃たれた、あの家老である）の用人・阿部庸男《やすお》の養子となり、十九歳のときに、阿部の長女・射狭《いさ》と結婚した。菅家に仕える武士身分となったのであった。のちに、菅五郎左衛門が藩主・定昭とともに京都や大坂へ動き、鳥羽・伏見の戦いを経験したときには、如矢が菅家の留守居役を務めたという。

　如矢は安政三（一八五六）年、老楳下塾という私塾を開いた。この塾は明治二十八年まで続き、門弟の数は千人を超えたという。明治元年、長男の柯《おのえ》が二十歳になったのを機に家督を譲り、自分は別家して平民となり、伊佐庭姓を名乗った。道後の伊佐爾波《いさにわ》神社にちなんだものである。

伊佐庭如矢

　如矢は故郷・道後をこよなく愛していた人であった。妻の名前が射狭であるのも運命的である。

　明治になってからの伊佐庭如矢は、地方高級官僚となり、愛媛県高松支庁長、山田香川郡長などを歴任。その学識を買われて、愛媛県立高松中学校長を兼任した時期もあった。また、金刀比羅宮の財政担当禰宜《ねぎ》となって、傾きかけていた金刀比羅宮の財政を立て直した。なにごとにも有能な総合知識人であったが、一方で、酒は大好き。料理も得意で、自ら包丁を持って魚をさばくこともしばしばあった。茶道、書道、能楽にも通じた粋人であり文化人でもあった。

　江戸時代の道後温泉は松山藩が管理していて、入浴施設に区別があった。まず神の湯（別名、本湯）。この入浴施設が道後温泉「本館」と呼ばれていた。この神の湯の中にまた区別があり、一の湯は武家や神官・僧侶の男性用。二の湯は女性用。三の湯は庶民用で、どれも入浴は有料であった。つぎに、養生湯《ようじょうゆ》。このなかにも有料の部分と無料の部分があった。有料の部分は、十五文湯が武家の女性用。十文湯が庶民の男性用。三文湯が庶民の男女用。全く無料の部分もあった。

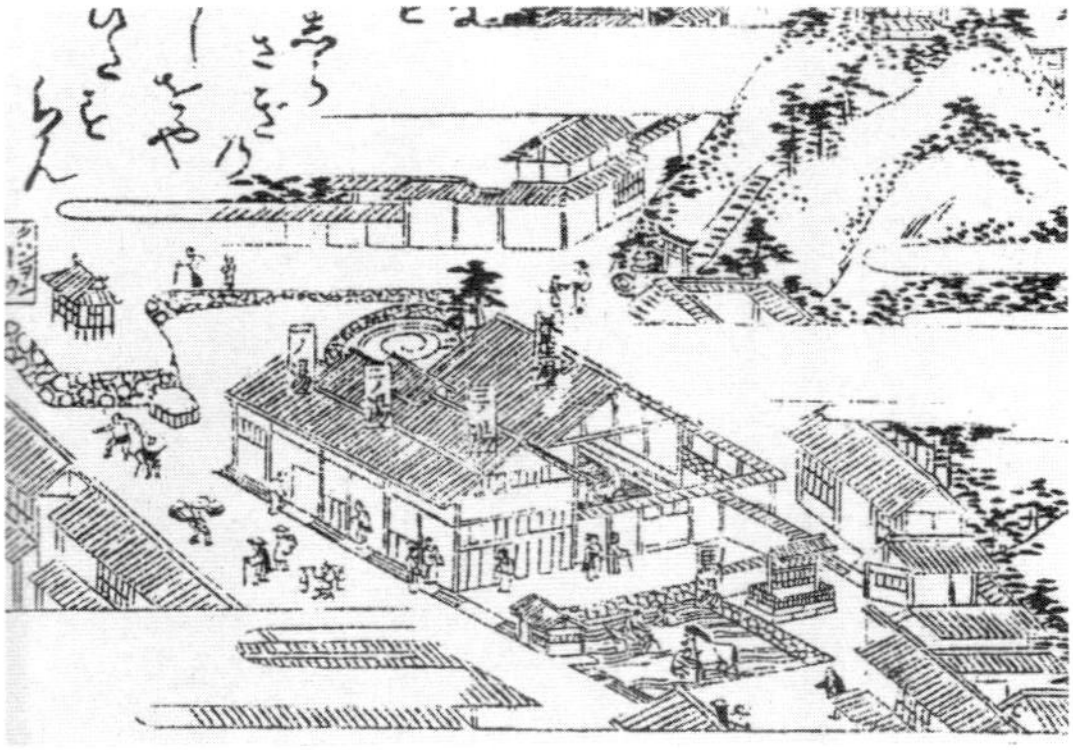
天保年間の道後温泉図

また「牛馬湯」といって、家畜を入浴させる施設もあった。明治になってからは、有料の神の湯＝本館と、無料の養生湯との二本立てになっていた。

明治二十二年、地元へ帰って町長になってくれと請われた伊佐庭如矢は、故郷への最後のご奉公と思い、その要請を受け入れて町長に就任した。町長に支払われる給与は、すべて町に返上した。

如矢は、道後温泉の改造を考えた。まず、老朽化していた養生湯の設備を建て替え、有料部分と無料部分に分けて、伝染病の人などのために「薬湯」という施設を設けた。牛馬湯は、家畜の臭いのことを考慮して少し離れたところに移した。実はこういう改造のための費用のかなりな部分は、如矢が返上した町長給与でまかなった。

新築なった本館と養生湯

つぎに如矢は、やはり古くなっていた神の湯＝本湯の入浴施設、すなわち本館を建て替える計画を示した。木造三階建て。入浴客が飲み食いできる高級料亭も兼ねる。木材も石材も最高級のものを使う。棟梁は、松山藩の城大工棟梁十代目・坂本又八郎。総工費十三万五千円という壮大な計画であった。

如矢は、この計画を練るにあたって各地の有名温泉地を見て回り、温泉宿への来客数と交通の便の関係なども、綿密に調査した。単なる思いつきで立てた計画ではない。しかし、道後湯之町の年間財政規模が一万円あるかないか。温泉経営から町が得る収入が年間二百円というときに、町として銀行から借金し、十三万五千円もかかる施設をつくろうという話である。もちろん、町会議員をはじめ町の有力者も一般町民

明治30年ころ　道後駅を出発する列車（『伊予鉄道百年史』より）

も、最初は大反対であった。借金の担保は、道後温泉そのものや、温泉旅館の施設である。下手をすると、道後湯之町がほとんど丸ごと銀行のものになってしまう。当然の心配であった。如矢は、「道後湯之町をつぶす気か」と激昂した一部町民に命を狙われたことさえあった。

如矢は屈しなかった。「交通はますます便利になって、この温泉にはますます人が来る。そうすれば、町全体が繁盛して、借金も返し、皆の暮らしも豊かになっていくはずである。より多くの人に来てもらうために、百年たっても他の温泉地が真似のできないものをつくろう」と言って、具体例を挙げ、数字も示しながら、人々を根気強く説得していった。やがて計画はしだいに理解を得て、多くの人々の賛同を得るようになった。

十三万五千円は、すべて五十二銀行から借りた。温泉旅館経営者たちは、その土地と施設を担保に差し出した。借りも借りたり、貸しも貸したり、である。

本館の完成は明治二十七年。まことに立派な施設ができた。如矢の言葉通り、百年以上たっても、その魅力は衰えず、いま、道後温泉本館前には記念写真を撮る観光客があふれかえり、外国から来る人も増えつつあるが、明治二十七年の道後湯之町は、「日本で一番負債の多い町」になった。

さて伊佐庭如矢は、本館新築とともに、「交通の便」をよくするために、道後まで鉄道を走らせることを考えた。伊予鉄道と滊々園が大いに参考にされたことは間違いない。鉄道会社の名前は道後鉄道株式会社。出資者の大部分は、やはり道後の旅館経営者たちであった。路線は二つ。一つは、一番町（現在の大街道電停）から、一万（ひめぎんホール＝県民文化会館の北側）を経て道後まで。もう一つは、三津口（伊予鉄道の古町駅のすぐ近く）から、木屋町を経て、城山の北側を通り、一万で一番町からの路線と合流して道後まで。軽便鉄道で、軌間は伊予鉄道と同じ七六二㎜。営業運転開始は明治二十八年八月であった。鉄道敷設について、伊佐庭如矢が小林信近からさまざまな助言を得たことは想像に難くない。

松山中心部の住人は、一番町から列車に乗れば、そのまま道後温泉まで行くことができる。他地から来て三津浜の港に上陸した人は、古町（三津口）まで伊予鉄道で行き、そこから道後鉄道に乗り換えれば、歩くことなく道後温泉まで行くことができる。ちょうど関西方面と松山を結ぶ定期航路が開かれたときでもあった。伊佐庭如矢はむろんそうしたことも見込んでいた。

道後湯之町は、いわば賭けに勝った。来浴者数はどんどん増え、温泉旅館も大いに繁盛して、借金も順調に返していくことができた。

伊佐庭如矢は町長を三期十二年務めた後、明治三十五年に引退。明治四十年、八十歳で死去した。

夏目漱石は明治二十八年四月に松山にやってきた。最初に下宿したのは、現在萬翠荘が立っている敷地の延長の愛松亭《あいしょうてい》という料理屋であったが、六月下旬に下宿先を変え、新しい下宿を愚陀《ぐだ》仏庵《ぶつあん》と名付けていた。八月に道後鉄道が開通。松山中学校での勤務時間は午前八時から午後二時まで。午後にはずいぶんと時間が使える。愚陀仏庵から一番町駅までは歩いて十分もかからない。漱石はせっせと道後温泉に通い、ときどきは少々陽気になって湯舟のなかで泳いでみたこともあったようである。『坊っちゃん』のなかにも、道後温泉と道後鉄道に関係するさまざまな場面が出てくる。

道後温泉は大いに繁盛してよかったのだが、道後鉄道のほうには問題が残った。資本金三万八千円で始めた会社であったが、鉄道建設費や車両輸入費などに五万七千円ほどもかかってしまった。明治二十七年～二十八年にかけて日清戦争があり、物資・資材の価格や労働者の賃金も上がったのが響いた。不足分を新たに借り入れるのに四苦八苦し、鉄道の営業自体はそこそこ黒字だったのだが、この借入金返済が難儀であった。そこで、明治二十九年一月、新たに株主を募集して増資を決行したが、もともと一株当たり配当が、額面の三％～八％だったのが、増資によってもっと低くなった。こうなると、地方の株主たちは現金なもので、手持ちの株式を売ろうとし始めた。

この事情を見て取り、増資のぶんも、また売りに出された株式もまとめて買い取ったのが、大阪第七十九銀行の頭取・古畑寅造であった。道後鉄道の筆頭株主は古畑となり、設立のときから社長であった村瀬正敬らの役員が退いて、明治二十九年九月からは古畑が社長となった。

十五　松山平野軽便鉄道網

明治二十九年七月、藤原（松山市駅のすぐ南）―郡中間を結ぶ南予鉄道が開通した。これは、伊予鉄道、道後鉄道の成功を見た郡中を中心とする伊予郡の資産家たちが、「重信川を越えて郡中まで鉄道を」と考え、資本金九万五千円を集めて南予鉄道株式会社をつくって始めた事業であった。郡中は、松山城下とは別個の、もうひとつの商工圏である。間には農産・水産ともに豊かな松前がある。二つの商工圏を鉄道で結べば、両方の経済活動がますます盛んになるであろうとは、誰もが思うところであった。

軌間七六二㎜の軽便鉄道であったが、重信川に鉄橋をかけるのは思いのほか難工事であった。愛媛県の技師に足助という工学士がいて、この人の監督を仰いでやっと完成したが、建設費用は当初予算を大幅に超えた。このとき、大阪の古畑寅造が四万円を出資して増資し、なんとかその場をしのぐことができた。古畑は、道後鉄道に続いて南予鉄道の社長にも就任した。

鉄橋をかけた出合のあたりには、当時は橋もなく、「出合の渡し舟」だけがあった。川の両岸をつなぐロープを張り、舟の先端に棒を立て、この棒にロープを当てて、船頭が座ったままロープをたぐって進むという方式であった。人だけでなく、牛馬、荷車、人力車なども渡していたが、一回渡るのに十五分～二十分かかり、増水するとすぐに休業となった。人々は、南予鉄道があっという間に重信川を渡ってしまうことに大いに驚いたという。

伊予鉄道のほうは、明治二十五年に、予定通り三津浜から高浜まで線路を延伸。明治二十六年には、松山市駅―平井河原（現在の平井）間で営業運転を開始。明治二十九年には、森松線を開業した。

こうして、小林信近が「正気の沙汰ではない」と言われながら始めた、たった六㎞ほどの軽便鉄道は、明治二十年代終わりまでには、松山平野に軽便鉄道網を張り巡らせるまでになった。当時、首都圏、関西圏を除く地方都市で、これだけの鉄道網を持っていたところは他に探すのが難しい。先進技術を採り入れるのが遅かったがために長州に敗れた松山藩であったが、この面では、確かに全国の輝かしい先駆けとなった。

そして、これがますます発展して現在にも続いている。なればこそ、これからのコンパクト・シティー構想、パーク・アンド・ライド方式など、住みやすく、かつ環境にもやさしいまちづくりを考えていく大きな基礎になる。小林信近が蒔いた種は、今後も成長し続けるのである。

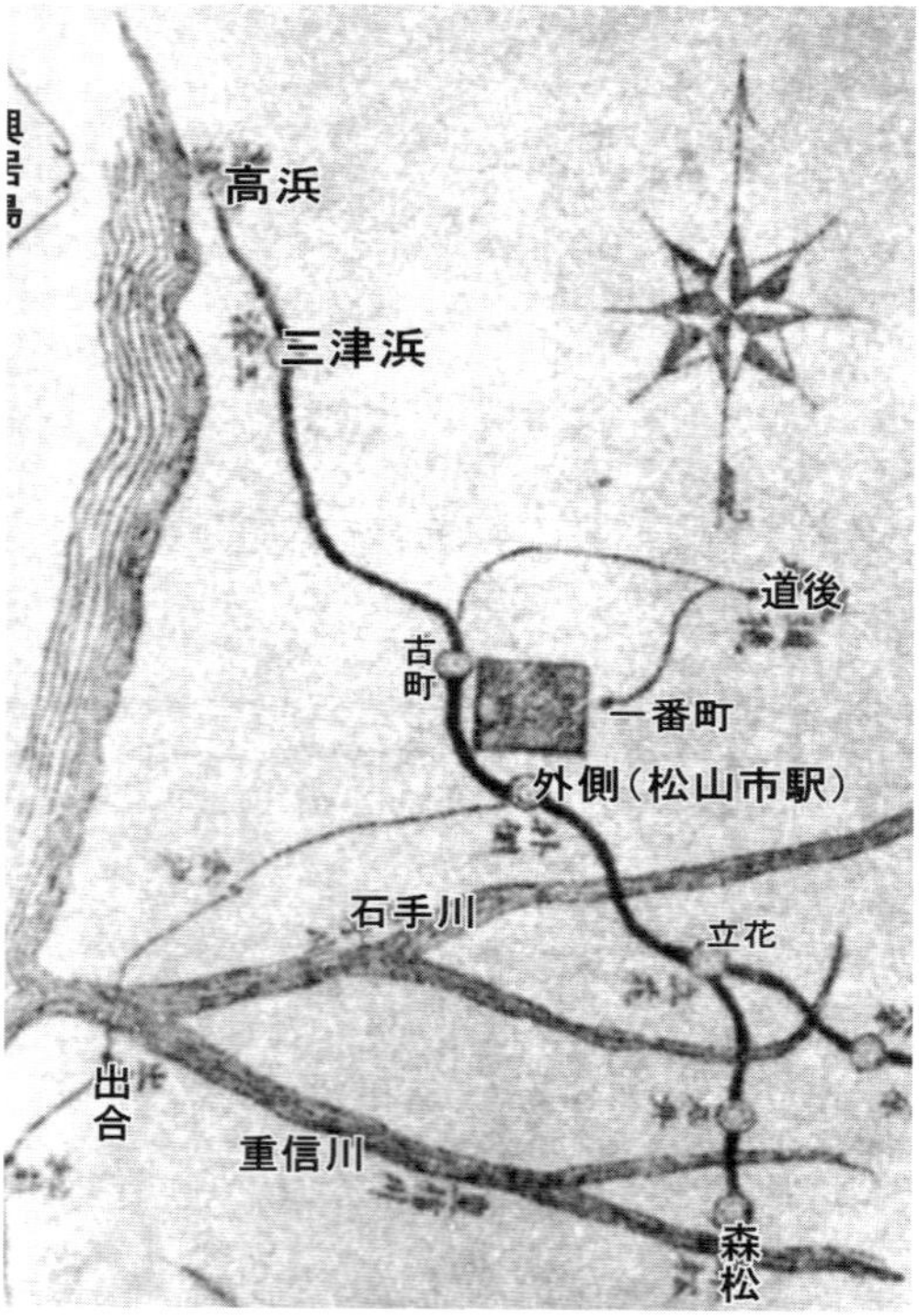

明治 32 年　松山平野鉄道路線図
（『伊予鉄道百年史』より作製）

松山平野で始まった軽便鉄道は、全国的な広がりを見せるようになり、政府も、明治四十三年には軽便鉄道法を制定し、その普及を促進しようとするようになった。

それにしても、そう広くもない松山平野に三つの鉄道会社が割拠しているというのは、経営的にも、利用者にとっても、あまり効率のいい話ではなかった。当時、伊予鉄道監査役であった井上要《かなめ》は、三社が合併して経営を統一すべきだと主張し、小林信近も古畑寅造もこれを容れて、明治三十三年二月、道後鉄道と南予鉄道は、伊予鉄道に吸収合併された。小林信近は社長を退き、拡大伊予鉄道の社長には古畑寅造が、専務には井上要が就任した。南予鉄道の藤原駅は松山市駅に併合、道後鉄道の三津口駅は古町駅に移転吸収。いわば無駄を省いた拡大伊予鉄道の総延長は、四十三㎞に達した。

ところが、明治三十四年四月、わが国未曾有の金融恐慌が大阪で起こった。しかもその火元は、古畑寅造の第七十九銀行であり、同銀行は結局、倒産せざるを得なくなった。古畑寅造はこの時点で、拡大伊予鉄道の株式の半数を所有する大株主であったが、そこが揺らいだ。松山地域では、「伊予鉄道は破産する」「伊予鉄道の株券のなかには偽造されたものがたくさん混じっている」などというデマが飛び交い、株券偽造については一時期、検察局が捜査に乗り出しさえした。

専務の井上要や取締役・八束喜蔵らは、火消しに飛び回らなければならなかった。古畑のもとから売りに出された株式が競売にかけられると、恐慌前には一株七十円ほどもしていたのが四十円を下回り、なお下がりそうな気配となった。井上・八束らは、住友家をはじめ、県内有力者に株式を買ってくれるように頭を下げて回った。住友家がまず五百株を引き受けてくれると、他の有力者たちも次々と買ってくれ、なんとか危機を切り抜けた。突然の金融恐慌という災厄が、かえって安定経営をもたらすことになったといえよう。

古畑が退いた後はしばらく社長不在が続いたが、明治三十九年から井上要が伊予鉄道の社長となった。

愛媛県の他の軽便鉄道としては、住友が、はやくも明治二十六年に、別子銅山と新居浜港を結ぶ鉄道を開通させている。軌間は、伊予鉄道と同じ七六二㎜。銅山の奥のほうへと延伸され、鉱石のみならず、人も運ぶようになっていった。この鉄道は昭和五十二年まで営業していた。そのごく一部が、現在、マイントピア別子の観光用列車として運用されている。

また、宇和島方面では、宇和島鉄道という会社が起こり、大正三年に宇和島―近永間で軌間七六二㎜の軽便鉄道が開通した。大正十二年には、これが吉野（現在の松野町吉野）まで延伸された。地域の穀倉地帯と山村物資集散地が鉄道で結ばれて、経済発展は大いに加速された。宇和島鉄道の路線は、昭和八年に当時の国鉄が買い取り、軌間も順次標準軌に変更されて、現在は、JR四国の予土線の一部となっている。四国は、海岸線をぐるりと鉄道が循環している形になっているが、宇和島鉄道は、この循環線のための布石でもあった。

十六　伊予水力電気の創立

さて小林信近が、伊予鉄道と並行して明治二十七年ころから構想したのは、一般向けに電力を供給する事業である。

日本では、明治二十年十一月に東京電灯㈱が最初の民間一般向け電力供給事業を始め、民間人の家屋にも電灯がともるようになった。それまでの照明は、行燈、ろうそく、石油ランプで、街灯にはガスも使われた。

四国各県では、明治二十八年一月に徳島電灯が、同年十一月に高松電灯が、明治三十一年四月には土佐電灯がそれぞれ電灯の明かりをもたらしており、この点では愛媛県は少し出遅れていた。

もっとも、大きな工場などでは、発電機を据え、工場内で必要な電力をまかなうといったことが早くから行われていたが、広く一般の家屋に電力を供給するのは、また別の話であった。

信近は松山地域で、まずは一千灯の契約が取れれば採算が合うと見込んで人々を説得したが、予約者はどうしても七百に満たなかった。やがて、仲田槌三郎、二宮佐一平という同志が現れ、彼らの協力も得て、明治二十八年、松山電灯㈱の設立を申請した。予定の資本金は十万円であった。

それまでの全国の発電事業は、圧倒的に火力発電であったが、信近は水力発電でやろうとした。理由の一つは、日清戦争の影響による石炭価格の高騰であった。もう一つは、従来の火力発電は夜間の電灯用のみに利用されることが多いため昼間は発電しなかったのだが、水力発電は昼間も発電し、電力の余剰が出るので、これを工場の動力用などにまわせば、安価に電力を供給できる計算が成り立ったことであった。

水源地を物色している間に、広島市の資本と郡中の資本が、それぞれ水力発電を行う会社の設立を申請しようとした。まだ事業が何も始まらないうちに三社が競合するのは得策ではないということで、三社を合併して伊予水力電気株式会社を発足させた。予定の資本金は三十万円であった。

水源地は松山市郊外湯山村に定めたが、出資者がなかなか集まらない。電力とか電灯とかいうものがなかなか理解されなかったのである。水力発電の設備など、見たことがある者はほとんどいない。人は、イメージが一切湧かないことには、なかなか金は出さないものである。予定の資本金を十五万円まで下げても、なお十分な出資者は集まらなかった。

こうして、松山電灯㈱創立から六年が過ぎてしまい、事業は行き詰まったかに見えた。ここで登場した救いの神が、才賀藤吉《さいがとうきち》という人である。
才賀は明治三年、大阪に生まれた。大阪の大店に丁稚として就職したが、おそらく才覚がありそうだと見込まれたのだろう。その大店の援助で、共立《きょうりゅう》学校へ行った。卒業後、大阪電灯㈱に入社したのが、電気事業関係との出会いであった。つぎに三吉電気工場に就職し、やがて独立して、明治二十九（一八九六）年に才賀電気商会を設立した。発電事業や電力を使って電車を走らせる鉄道会社設立事業にどんどん出資し、あるいは、その工事を請け負って急成長した。才賀がかかわった電力会社、鉄道会社は、百社とも百五十社とも言われ、「関西の電気王」と呼ばれていた。

才賀藤吉
（『伊予鉄道百年史』より）

才賀の妻が松山の出身であることと、松山紡績株式会社の鷲野正吉という技師が、工場の機械に必要な電力を自社発電していた関係で才賀と親しいと知った信近は、この縁を頼って早速才賀と連絡をとった。才賀は熊本県へ出張した帰りに道後温泉に立ち寄り、信近らと面談して趣旨に賛同し、出資することを約束した。資本金を十三万円とし、その半額を才賀が出資して、必要な工事ならびに資材の供給は、すべて才賀電気商会が請け負う。松山の大実業家であった仲田伝之𪉩包直が社長、小林信近が専務、才賀藤吉

湯山の発電所（『伊予鉄道百年史』より）

は監査役という体制となった。

湯山村の水力発電装置は、水路高低差七十五メートル。ドイツ製発電機は、フランシス式レアクションタービン、出力三五〇〇ボルトで二五〇キロワットというものであった。

電柱や送電線も整い、約一千灯の予約を得て、明治三十六年三月二十日午後に、道後公園で開業式が行われた。花火が上がり、芸者衆が七十人ほども出て、ふるまい酒も配られ、会場は超満員。夕方になって「開業式」という電飾文字がともったときには大歓声が上がった。会場各所にさまざまな電灯をともし、才賀商会は各種電気装置を展示するなどした。夜になって小雨が降り始めたが、多くの人々は帰ろうとせず、電灯の明かりを夜遅くまで見続けていたと伝えられる。

湯山の発電所はたいへんよくできたものであったらしく、京都帝国大学の教授が学生を連れて見学に来たこともあった。また、才賀藤吉は、この発電所の模型をつくって、明治三十六年に大阪で開催された内国勧業博覧会に出品した。「水から火が出る装置」ということで、大いに注目を集めた。また、この模型は、翌年に米国セント・ルイスで開催された世界大博覧会にも出品され、銀杯賞を受賞した。

一般向け電力事業としては四国四県の最後であったが、この後、愛媛県の電力事業は急速に発展していき、伊予水電の契約灯数は開業式の半年後に八千灯に達し、工場などの動力用電力も供給した。うなぎ登りの需要に応じるため、現在の松山市藤原町に火力発電所も建設。明治四十二年には、柳谷村黒川に大規模な水力発電所を完成させた。明治三十九年には、伊予水電とは別資本で今治電気会社と宇和島電灯株式会社が設立され、それぞれ、後に愛媛水力電気株式会社、宇和水力電気株式会社となって、東予、南予にも電力事業が広まっていった。

伊予水力電気湯山１号発電機
（愛媛県総合科学博物館）片上撮影

電力が使えるようになると、蒸気機関車を電車に換えようという話になる。このあと松山地域では新しい電車会社が起こって、伊予鉄道と大競争をすることになる。

なお、湯山発電所の一号発電機は、約半世紀間稼働した後、現在、愛媛県総合科学博物館の屋外展示場に展示されている。よほど頑丈に作られたらしく、現在でも少し手入れすればちゃんと発電するだろうといわれている。

十七　高浜築港

三津浜港も含め、江戸時代にわが国の良港といわれたところは、たいてい遠浅の砂浜であった。大型の帆船が沖に停泊し、乗客や荷物は、伝馬船の艀《はしけ》で砂浜と行き来する。当時の帆船は潮待ち・風待ちをしなければならず、停泊時間もたいへん長かったので、これで十分であった。遠浅港では、沖の大型船と海岸を行き来する艀を運用し、荷物の積み下ろしに従事する労働者を抱える回漕店というものが大いに繁盛した。船が停泊している間、船乗りたちは陸に上がって遊ぶ。料亭や遊郭や宿泊施設などもたくさんできる。三津浜も、こういう具合で賑わってきた。

帆船が蒸気船に変わっても、とりあえず港湾機能があるのは三津浜だということで、蒸気船が沖に停泊し、艀が砂浜との間を行き来するという形が続いていた。

明治二十八年四月に夏目漱石が松山にやってきたときも、三津浜へ上陸した。『坊っちゃん』のなかには、上陸するところがつぎのように描かれている。

「ぶうと云《い》って汽船《きせん》がとまると、艀《はしけ》が岸《きし》を離《はな》れて、漕《こ》ぎ寄《よ》せて来《き》た。船頭は真っ裸《まっぱだか》に赤《あか》ふんどしをしめている。野蛮《やばん》な所《ところ》だ。……」

同年十月、正岡子規は愚陀仏庵で夏目漱石と五十二日間同居した後、東京に戻るために三津浜から船に乗った。久保田回漕店というところの座敷に、子規も含めると十一人の人々が集まり、料理や酒を楽しみながら送別の句会を行った。十人の人々は、午後八時三十分前後の松山市駅行き最終列車に乗って帰っていった。急に一人になってしまった子規は、

十一人一人になりて秋の暮

という一句を詠んだ。そして、夜も更けてから沖の汽船に乗船した。汽船は、夜中のうちに出航したようである。

こういう話から、当時の遠浅港とか回漕店とかいうものがどういうものであったかを知ることができる。

ところが、蒸気エンジンの付いた汽船は、潮待ち・風待ちの必要がなく、乗客と荷物の積み下ろしが済んだらさっさと出航したい。そうすると、水深が深く、汽船を桟橋に横付けできる港が便利であるということになる。

このことにいち早く注目した小林信近は、十分な水深が確保しやすい高浜に目を付け、早くも明治十九年に、他の数名とともに出資して三津浜—高浜間の道路を整備するとともに、高浜海岸

の一部を埋め立て、石垣を築き、桟橋を設置した。明治二十五年には、伊予鉄道が高浜まで延伸された。明治二十七年〜二十八年の日清戦争の際、出征する将兵は、みな高浜から乗船した。

しかし、汽船がみな高浜に寄港するようになると、三津浜の回漕店も料理屋も困る。三津浜勢力は、さまざまな手段で高浜港の開発を妨害しようとした。高浜港にも、港湾荷役などができる施設・労働力が必要なのだが、それができない。

小林信近は明治二十九年、松山汽船会社を設立し、高浜港を使う汽船を自ら運用しようとしたが、ちょうど日清戦争の後の海運不況もあり、三津浜勢力の反対運動も相変わらずあって、明治三十三年に汽船会社は解散せざるを得なくなった。

明治三十五年、当時は伊予鉄道の専務であった井上要《かなめ》（明治三十九年からは社長）らは、あらためて高浜港の重要性に着目。伊予鉄道の線路をなお少し海岸線近くまで延ばしていくとともに、埋め立てや桟橋設置の工事を本格的に行い始めた。港湾は公共施設でもあるということで、愛媛県からの予算も一定額はついたようである。

工事中の明治三十七年〜三十八年には、日露戦争があった。松山にはロシア将兵捕虜収容所の第一号が設置されたが、捕虜となって松山へやってきたロシア軍将兵も、みな、工事中であった高浜港に上陸した。

松山でロシア兵捕虜がとても大切にされたのは有名な話である。将校には、階級に応じてずい

高浜駅前のロシア兵捕虜（『伊予鉄道百年史』より）

ぶんな額の現金が支給された。戦争当事国であるロシア政府からは直接送金できないので、在日フランス公使館がロシア政府の支給するべき金額を立て替えて支給した。戦争が終わったら、そのぶんをロシア政府からフランス政府に支払うという話である。その捕虜将校たちが気前よくお金を使ってくれるので、松山の商店街や料亭、遊郭は大繁盛した。しかし、下士官・兵卒には特に何も支給されなかった。収容所で三度の食事は日本側がきちんと食べさせるのだが、それだけである。

井上要は、下士卒捕虜が小遣いにできる金もほとんどなくて、所在なげにしているのを見て考えた。

「この捕虜たちに高浜の工事現場で働いてもらってはどうか。伊予鉄としては然るべく賃金を払う。彼らも使えるカネができて、ゴロゴロしているよりはいいはずだ」

明治三十八年九月、黄海海戦の後、秋山真之が司令部との打ち合わせのため、連合艦隊の現場を離れて一時東京に戻っていた。井上が真之と東京の中華料理屋で食事をともにしながらこの話をすると、真之も「それはいい」ということで賛成した。

ハーグ条約でも、捕虜の下士官・兵卒に労役をさせることは認められている。そのとき、労役する捕虜には然るべき賃金が支払われなければならず、その賃金は、捕虜の福利・生活改善のために使用されなければならないというのが同条約の定めである。

真之が井上を陸軍省へ連れていって担当部局に紹介したところ、担当官は「俘虜労役規則」を作成して井上に渡した。井上はこれを松山の収容所管理当局に提出し、捕虜のなかの希望者を募って高浜の工事現場で働かせることが始まった。

井上　要

「俘虜収容所規則」では、捕虜に支払われるべき賃金は、下士官で一日あたり七銭、兵卒だと四銭と定められていた。

ロシア兵は体格のよい者が多く、要塞建設などで土木労働には慣れているので、工事は大いにはかどった。しかし、「三日もたつと誰も出てこなくなった」。井上要が調べてみると、伊予鉄道が支払った賃金の大部分は収容所管理当局が握ってしまっていて、捕虜にはわずかしか渡っていない。「これではタバコ代にもならない」ということで、井上は「俘虜収容所規則」とその運用がそのままでよいのかどうか、あらためて検討しなおしてもらおうと考えたが、「そのうち和平の風が吹き始め」て、結局、このときの捕虜の労働は三日間で立ち消えになった。

太平洋戦争中、フィリピンでアメリカ軍の捕虜になった大岡昇平は、「信濃丸」という船に乗って日本に帰ってきた。「信濃丸」は、日露戦争日本海海戦のとき、最初にバルチック艦隊を発見して「敵ノ艦隊見ユ」の電文を発した船である。大岡は、「信濃丸」に乗るとき、アメリカ軍から二百円を受け取ったことを『俘虜記』のなかで述べている。捕虜であった間に行なった屋外労働の賃金が一日八セントで計算されて貯蓄され、それが当時のレートで日本円に換算されて二百円になると説明されたという。

松山収容所の「俘虜労役規則」でも、賃金は、①捕虜に嗜好品などを支給する　②捕虜に自由に使わせる　③貯蓄しておいて、戦後に捕虜が帰国するときに捕虜に渡す、という三つの部分に分けることになっていた。管理当局は、賃金のかなりな部分を捕虜が帰国するときに渡すつもりであったのだろうが、そこのところが捕虜たちによく説明されておらず、捕虜たちは「約束の賃金を払ってくれない」と思って労役に出てこなくなったようである。

三日間で終わってしまったが、これは日本が、国際法にのっとりながら正当な賃金を支払って戦争捕虜を労働力として使おうとした最初の例となった。

明治三十九年九月、高浜で開港式が行われ、当時、瀬戸内海航路を運営していた大阪商船の汽船は、ことごとく三津浜ではなく高浜に寄港するようになった。遠浅港ではない、大型の汽船に都合のよい港が完成し、松山の海の玄関口は三津浜港から高浜港へ移るかに見えたが、ここで話は複雑なことになった。

十八　伊予鉄道と松山電気軌道の大競争

伊予鉄道が高浜港開発を本格的に始めたとき、三津浜町のほうは、「このままでは三津浜はさびれるばかりになってしまう」と危惧し、二つの対抗手段を考えた。第一は、三津浜港を大改修して大型汽船が直接横づけできるような港にすること。第二は、伊予鉄道と競争できる鉄道会社をつくって、伊予鉄道をつぶすこと、であった。

第一のことについては、まず明治三十六年、三津浜町長以下、有力者たちが三津浜港湾改修協議会を設置して運動を始めた。三津浜港の改修費用は愛媛県に出してもらいたい。そのためには政党の協力が必要であるということで、三津浜町は町長も町会議員も挙げて立憲政友会に加盟した。このとき、政友会の党首は松山出身の藤野政高であった。

実は、伊予鉄道の井上要は衆議院議員でもあったが、井上が所属していたのは政友会とは対立する進歩党であった。進歩党の実質の党首は大隈重信で、進歩党はのちに立憲民政党となって、「政友会か民政党か」という二大政党時代を築くことになる。三津浜町としては、伊予鉄道・井上要に対抗するためには、政友会を応援しなければならない必然性があったともいえる。

明治三十九年一月、政友会の西園寺公望が内閣総理大臣となり、内務大臣は、もちろん政友会の原敬。愛媛県知事・安藤謙介も政友会系。翌年九月の愛媛県会議員選挙でも政友会が圧勝し、三津浜勢力にはたいへん有利な状況ができた。

明治四十一年五月の臨時県会には、二十二カ年継続の土木事業費として、県が七百八十五万五千円を支出するという案が提出された。このうち三津浜築港費が九十五万円であった。愛媛県の年間財政規模が約百万円の時代に、二十二カ年継続とはいえ、土木費だけで八百万円ほどもの支出を予定するというのは、少々無茶が過ぎるような話ではある。実はこれには、三津浜の港だけを依怙贔屓《えこひいき》しているように見えないよう、他の港湾、道路、河川などの改修費も一緒に混ぜ込まなければならなかったという県知事の事情があったのである。それでも、政友会の多数の力でこの案はそのまま通った。

明治四十一年七月、政友会でも進歩党でもない、長州閥元老とも言うべき桂太郎が総理大臣になった。原敬も内務大臣を辞任。しかし、この政変ごたごたのなかで、藤野政高と安藤知事は、県会を通った土木事業について政府の認可を得ることに成功し、鼻高々で三津浜町に報告した。三津浜町は明治四十二年七月、盛大に起工式と祝賀会を催し、まさに築港工事が始まろうとした矢先の七月末、安藤知事は休職させられ、後任知事には政友会に批判的であった伊沢多喜男が就任した。

同年九月、三津浜町長と町会議員合計十一人が、寄付強要・恐喝の疑いで逮捕された。彼らが三津浜の資産家たちを威嚇して多額の寄付を強要したという疑いである。このとき、どういう関係でか、助役が入水自殺した。藤野政高も逮捕された。藤野は三津浜の有力者たちから三万円を受け取り、これは県会議員の選挙費用に使ったり、政友会関係者に政治資金として配ったりするという約束であったが、一部はそのように使われず、藤野が懐に入れたという詐欺の疑いであった。町長と町会議員たちは、証拠不十分で無罪になったが、藤野には懲役一年六カ月、執行猶予三年の判決が出た。また、伊沢知事が調査しなおしたところ、三津浜築港費用は九十五万円では足りず、県の土木課長の手元では百六十万円余りかかるという見積もりになっていることも明らかになった。安藤前知事は、いずれ他の土木工事のぶんを三津浜港に流用することでなんとかしようと考えていたらしい。

ここまで来ると、愛媛県会も先に成立させた巨額の土木工事支出計画を取り消す議決をせざるを得ず、三津浜築港予算も水の泡となって消えてしまった。こうして伊予鉄道に対抗するための第一のもくろみは、失敗に終わった。

第二の鉄道会社設立のほうである。三津浜勢力は、松山電気軌道（略称・松電）という会社をつくって電車を走らせ、伊予鉄道に対抗しようとした。会社の設立が明治四十年である。大都市部では、蒸気機関車が引っ張る列車ではなく、電力で走る電車が主流になりつつあった。松電が計画したのは、軌間一四三五㎜の広軌（新幹線と同じ規格）。路線は、三津浜―衣山―六軒家―萱町―本町―西堀端―一番町―道後。全二十六駅。営業キロ数は十㎞あまり。伊予鉄道がすでに営業している路線と、ほぼ重なる路線であった。もっとも、伊予鉄道は平井、森松、郡中という郊外までの路線も営業していたが、松電が計画したのは三津浜、松山中心部、道後を結ぶ路線だけであった。

松電には西宇和郡で鉱山を経営して成功し、松山へ移ってきていた清家久米一郎や、県会議長でもあった夏井保四郎、そして三津浜の有力者たちが出資した。車両や電気器類は、三井物産を通じて輸入することとした。

これより少し前、伊予鉄道のほうも才賀藤吉の助言などもあり、電化を進めようとしていたところであった。まず、松山市駅―道後間を電化するということで、政府当局に申請を出した。また、伊予水力電気は湯山に第二発電所を計画し、こちらも申請を出していた。しかし電化計画のほうは、当時の安藤知事の手元で握りつぶされ、政府に届かなかった。また、湯山第二発電所についても、同じ場所に水力発電所をつくりたいということで、松電の延長である松山電気興業からの申請があり、安藤知事は松電からの申請を認可した。

しかし、松電が鉄道敷設事業を始めてみると、当初の資本金三十一万円だけではとうてい足りないことがわかってきた。関係者はいろいろと尽力したが、事業計画は行き詰まった。

ここで登場したのが、福沢桃介《ももすけ》であった。桃介は、もとの姓を岩崎といった。慶応義塾を卒業し、アメリカへ留学して、帰国後に福沢諭吉の婿養子になった桃介は、さまざまな事業に手を出したが、結局、全国の多くの電力事業（特に水力発電）にかかわり、電力事業で成功して富豪になったことから、「電気王」とか「電力王」とか言われていた。

福沢桃介

なお、桃介の妹・翠《みどり》は松山出身の杉浦非水（わが国近代グラフィックデザインの礎を築いた人物）と結婚したため、桃介も少しばかり松山と縁がある。翠は、ペンネーム翠子《すいこ》を名乗った歌人でもあった。

松電関係者は、この福沢桃介がたまたま道後温泉に来ている機会をとらえて、協力を懇請した。桃介は協力を承知して株式を引き受け、自らも松電の会計主任に就任した。

これで行き詰まりを打開した松電は、明治四十四年九月には一部営業運転を開始。翌年には全線開通させて本格的に営業を開始した。

伊予鉄と松電の競争は熾烈なものになっていった。同じ路線で、駅が向かい合わせなどというところがたくさんある。両社が鈴を鳴らして乗客を呼び込んだ。運賃の値下げ競争も激しくなり、両社とも乗客の数はずいぶんな勢いで増えるのに、営業収入は減少するというありさまであった。伊予鉄が梅津寺に海水浴場や料亭を整備すれば、松電は三津浜に海水浴場を整備し、衣山に知新園という遊園地をつくって乗客を誘致しようとした。

大正五年には、伊予鉄道と伊予水力電気が合併して、伊予鉄道電気となった。

この大競争、もともと借入金をたくさん抱えてスタートした松電のほうが、先に疲弊していった。三井物産への支払いも滞りがちになってしまった。伊予鉄・松電が両社共倒れになることを心配した政府鉄道院は、両社が合併することを勧告。また、債権回収が不能になることを危惧した三井物産も、強硬に合併を推進させようとした。結局、三井物産の債権は、五十二銀行をはじめとする愛媛県の銀行団が立て替え払いし、最後は銀行団の裁定によって伊予鉄が松電を吸収合併することになった。さまざまな曲折があったが、最終的に合併が成立したのは大正九（一九二〇）年十二月。松山電気軌道株式会社が設立されて以来、十五年間近くに及んだ大競争に終止符が打たれた。

大正初期の六軒家交差点
高架の上が松電、下が伊予鉄（『伊予鉄道百年史』より）

この後、伊予鉄はどんどん電化を進め、また、軌間は政府標準軌の一〇六七㎜に統一していった。港のほうも、三津浜町の事業として進めていた三津浜外港築港工事が、大正十一年に完成した。

この当時、機帆船というものが急速に普及していた。機帆船とは、エンジンと帆の両方が付いた小型船である。エンジンは、石炭ではなく重油を燃料とする焼き玉エンジンが多く、その音からポンポン船などと言われた。五十トン〜百トン程度の小型船が多く、外洋航海などはできないが、沿岸、内海の航海であればこれで十分である。小さくて小回りが効き、小さな港にも入ることができる。帆も利用するので燃料費が安くてすみ、瀬戸内海の海運にはたいへん便利な船であった。三津浜港には、この機帆船が多く寄港するようになった。

当面、港の争いも、大型汽船は高浜港に、機帆船は三津浜港に、ということで落ち着き、三津浜港は「瀬戸内海随一の機帆船港」として、新たな賑わいの時期を迎えた。

海運・鉄道・電力に政治が絡む複雑な争いであったが、その結果として、港湾のほうも鉄道のほうもすっきりとした形に落ち着き、効率が良くなった。経済地理学のひとつの例にしたいような話である。

十九　伊予教育義会

小林信近は、これまでに述べた起業・実業経営の他にも、松山商工会議所の前身である松山商法会議所の初代頭取、愛媛新聞社の前身である海南新聞の社長、愛媛県会議長、衆議院議員などを歴任し、言論、政治の面でも地域をリードした人であった。

信近自身の名誉欲、権力欲のために政治家になったのではない。なにごとにも高い見識があり、「小林さんなら、ちゃんとやってくれるはずだ」という信頼があって、みんなが彼を担ぎ上げたようなところがある。

実際、信近が政治家としての地位や権限を、自分が経営にかかわっている会社の利益のために使ったと思われるような事例は見当たらない。ましてや、自分個人の利益のために利用した形跡は皆無である。この後に述べるように、信近はこれだけの地位のあった人としては、決して贅沢な生活はしていなかった。

信近が県会議長であった明治二十（一八八七）年、中学校の閉鎖問題が起こった。

明治政府は、小学校教育を普及させるとともに、各地に中学校や師範学校を発足させていった。松山の場合、中学校教育のほうは、明治三十二年に愛媛県立松山中学校として定着することになるのだが、それより前にはいろいろと曲折があった。

各地の中学校は、発足当時から、しばしば自由民権運動・藩閥政治批判の拠点になっていた。松山中学校も例外ではない。明治十三年に松山中学校に入学した正岡子規なども、さかんに演説会に出席し、自ら演説もしたようである。

政府は明治十九年、中学校令と師範学校令を発し、中学校・師範学校とも公費でまかなう学校は各府県一校だけということにした。このときは愛媛県と香川県が合併されている時期だったので、愛媛県の第一中学校は松山、第二は高松、第三は宇和島にあったが、それが松山の一校に絞られてしまうことになった。

明治二十五年、おりからの風水害で愛媛県は甚大な被害をこうむり、その復旧・復興に多大な予算を使わなければならない事態となった。県の費用を使って、なにがなんでも中学校教育を存続させる必要はないという議論が県会で起こり、これが通ってしまった。このときの松山中学校は、愛媛県第一中学校という名称であったが、五月にこれが閉鎖されてしまった。

相変わらず政府批判の雰囲気が濃厚な中学校などに、貴重な予算を使う必要はない。自由にやりたければ私立で学校をつくってやればいい。師範学校があり、他に中学校としての設置用件は満たしていなくても、漢学塾も英学塾もたくさんある。そういうところで教育を受けて、そのなかで優秀な者が大学などの上級学校へ行けばいい。県立の中学校などなくても、人材の育成はちゃんとできる、というのが中学校廃止に賛成した人たちの主張である。

突然の学校閉鎖で、松山第一中学校在校生三百六十余名は、悲壮な解散式を行って、それぞれつぎの道を求めることとなった。ずいぶんと荒っぽいことをしたものである。

信近は、中学校の閉鎖には反対であった。同志たちと協力して、伊予教育義会という組織を立ち上げ、有力者・資産家たちから大いに寄付を募って、私立の中学校をつくろうとした。

信近は、「町村に小学校があり、国には大学がある。中間の県に中学校がなくてどうするのか」という意味のことを述べている。教育は、体系的・系統的でなければならない。小学校は基礎の基礎を身に付けさせるところである。その後、十二、三歳から十七、八歳の間に、漢文・英語・数学・歴史・地理・思想・哲学・政治経済・物理学・化学・博物学、そして、芸術、体育など、いろいろなことをひととおり学んで、たいていのことには対応できるようにしなければならない。信近が藩校で教育を受けた当時の人物理想像は孔子であった。孔子の教養の幅広さは、歴史・政治・経済・軍事・霊的な祭祀・体術・人間心理・医学に至るまで、ほとんど驚異的である。孔子にはかなわなくても、多少とも人の上に立つことができる人間には、幅広い一般教養が必要なのである。それを授けるのが中学校ではないか。そこのところを「中抜き」してしまったら、仮に上級の学校へ行っても、たいした人物は育たない。信近はそのように考えていたようである。

伊予教育義会は、六万一千円の寄付を集め、明治二十一年九月、私立学校として愛媛県尋常中学校を発足させた。もとの松山第一中学校の生徒だった者が続々と戻ってきたうえに、新規入学希望者もどんどん増えたので、校舎のやりくり、教員数の確保などに大わらわだったという。翌年、宇和島のほうでも、宇和教育義会経営の私立愛媛県明倫館が発足した。

明治二十五年、中学校への進学希望者が全国的に増えていくなか、愛媛県会としても、やはり中学校は県立で運営しなければならないと考え直し、愛媛県尋常中学校は県立に移管された。「公費でまかなう中学校は一府県に一校」という規則も変更となり、明治二十九年には、西条に愛媛県尋常中学校東予分校が、宇和島に明倫館を引き継ぐ形で南予分校が設置され、明治三十二年には愛媛県立松山中学校、西条中学校、宇和島中学校と、独立の県立中学校三校体制が確立されて安定した形となった。

小林信近が、愛媛県の中学校教育に空白ができてしまいそうになったところをなんとか救ったことは、地味に見えて、実はとても大切な業績である。

また、松山市駅の南側には、中等教育学校が増えていき、明治二十四年に私立愛媛県高等女学校設立。これが明治三十四年に県立に移管された。大正十四年に、私立松山美善女学校設立。昭和九年に県立松山工業学校が味酒町から移転。現在、それぞれ、県立松山南高校、聖カタリナ学園高校、県立松山工業高校となっている。また、松山市駅の西側には、明治四十四年に済美高等女学校設立。鉄道網が伸びるとともに、通学に便利で、まだ土地に余裕のあった松山市駅南側・西側に中等教育学校が設置されていったのであった。

松山東雲中学・高等学校の前身である松山女学校は、明治十九年、当時の出淵町《いでぶち》（南堀端一帯）で発足し、それが二番町に移り、大正九年に、現在地の城山東麓に移転した。

明治三十四年、道後村に県立商業学校設立。松山商業高校の前身である。これが、明治四十一年に現在地の旭町に移転。松山中学校（松山東高校の前身）は、大正五年に東堀端から現在地に移転。

城山の北側に目を転じれば、明治三十三年、私立北予中学校が設立され、これは昭和十三年に県立に移管された。大正十二年には、県立城北高等女学校が、現在の勝山中学校のところに設立された。両校は戦後統合され、県立松山北高校となっている。

明治から大正にかけて、中等学校の多くが、伊予鉄道の駅からあまり遠くないところに設立されたり、移転したりしている。鉄道網の発達が、地域の中等学校教育の発展に少なからず影響を与えていたことも、忘れないでおきたいところである。

二十　事業失敗も

小林信近はさまざまな事業を試みたが、そのすべてが成功したわけではない。本気で成功させようと思って失敗した例もあった。

明治三十六年、小林信近が六十二歳のころのことである。このころ信近は、五十二銀行や伊予鉄道の経営からは退いていたが、伊予水力電気の取締役ではあった。自宅は二番町にあったが、金が儲かったら、そのかなりな部分を次の起業に注ぎ込むことを繰り返してきたからであろう、誰が見ても、五十二銀行や伊予鉄道を成功させた人とは思えないような、質朴な生活をしていた。

この三年前には、高浜築港がらみの松山汽船が失敗に終わっていたから、信近個人としても、かなりな損失を出したはずである。家族が食べるに困るというほどではないが、その生活ぶりが質素すぎることに同情した井上要や才賀藤吉らは、信近のために「養老基金」を募金しようとした。

多くの人に声をかけるので、信近の耳に入らないように募金するのは不可能ということで、信近に直接話したところ、信近は大いに喜び、つぎのように言った。

「御厚意はたいへんありがたいが、現金でもろうてはすぐなくなるから、その資金をもって電力製紙会社を起こしていただきたい。この事業なれば、あらかじめ十分の調査研究を遂げておるが、今までその資金がなくて苦しんでいた。これさえ成立すれば長く利益を得られることは間違いない」

そこで明治三十六年十一月、伊予製紙株式合資会社というものが成立した。募金に応じた人々がそのまま株主になるのだが、会社として利益が上がったら、それはすべて小林信近のものになるという、ちょっと変則の会社であった。

信近はただちに製紙機械を導入し、京都から専門の技師も呼んで操業を始めた。電力を使った製紙というのは、愛媛県では初めてであった。荷造り用紙、ちり紙など、紙はできるのだが、採算が合うほどの価格で売れない。結局、負債を抱えて会社解散ということになってしまった。後始末には、才賀藤吉などがまた援助協力したようである。

明治三十九年、信近は、同じ松山市内ではあるが、二番町から北京町《きたきょう》に転居した。個人財産がある程度減ってしまったので、家屋敷も少し小さいところへ移ったようである。それでも、庶民の住宅よりはだいぶん大きな家ではあった。

井上要が、『伊予鉄電思い出はなし』のなかで述べていることを少し要約しよう。

信近は、政治上社会上の地位に安着することを好まず、つねに新しい知識、新しい技能を求め続け、つぎつぎと新しい事業を試みた。事業そのものを見ても、その難易を見ず、事業を共にする人の如何を見なかったので、人のために誤られ、欺かれて失敗を招いたようなこともたびたびあった。井上がこのことを信近に忠告すると、信近は答えた。

「新事業はつねに失敗の危険がある。ゆえに、金持ちや手堅い人はとても相手にならない。あなたがたの危ういと思うような人でないと、事を共にする者はない。ご忠告はもっともであるが、左様すれば到底事業に手は出せない」

信近は、五十二銀行なり伊予鉄道なりの取締役として、あるいは大株主としてじっとしていれば、それ以上何をしなくても十分な生活ができたはずである。たいていの人間はそちらのほうを選ぶ。しかし、信近のなかでは、金を儲ける、儲けないということよりも、まだ人がやっていない新しい事業を始め、産業経済の新しい局面を開くことのほうが重要なのであった。それは晩年に至るまで、変わらなかった。

二十一　パリの縁

小林信近はその最晩年に、個人財産のほとんどを失い、家屋敷も手放して借家に移ることになった。残念ながら、そのことを述べないでは、小林信近という人の真実の評伝にはならない。信近がそのようなことになった背景には、東京の政界と関西の財界が絡む大きな策動があった。信近のことを少し離れて、関係する人々について述べておかなければならない。

まずは加藤拓川《たくせん》である。正岡子規の母は八重。その父が大原観山。安政六（一八五九）年、この大原観山の三男に生まれたのが加藤恒忠《つねただ》で、八重の弟になる。もとは大原姓であるが、遠い親戚の姓を継ぐために改姓した。長じて自らつけた号が拓川。拓は手偏に石。拓川は石手川を表す。

もう一人が、松山藩歩行目付《かちめつけ》十石取り秋山平五郎久敬《ひさたか》の三男・秋山信三郎好古である。同い年の加藤拓川と秋山好古は、少年のころ、明教館で頭抜けた秀才ぶりを発揮し、「大原の三男坊か秋山の信か」と並び称され、互いに終生の大親友であった。ちなみに、拓川の甥・正岡子規と、好古の弟・淳五郎真之《さねゆき》とがまた大親友という、まことに濃密な人間関係である。

明治九年、加藤拓川は二千人が受験して百人だけ合格という難関を乗り超え、司法省法学校に入学した。これは、明治政府が裁判官・検察官・法務官といった法律関係専門官を養成するためにつくった学校で、授業料も学寮費も食費もすべて無料。講師陣はすべてフランス人で、講義は全部フランス語で行われるというところであった。その講師陣の一人に、「日本民法学の父」といわれたボアソナードもいた。

パリ時代、右から久松定謨、秋山好古、加藤拓川、旧広島藩主家・浅野長之侯爵　（子規記念博物館所蔵）

明治十二年、寮の食事の内容が急に悪くなったといって、学生の一部が騒いだ。校長は騒いだ学生を外出禁止処分にした。学生の一人、原敬《はらたかし》（のちに首相になる）が文部卿・大木喬任《たかとう》に直接掛け合いに行った。大木は学生の言い分をよく理解し、校長が大木に叱責されて、ことは一度おさまったかに見えた。しかし、その年度末、校長は復讐に出た。騒いだ学生二十名あまりを「成業の見込みがない」として退学させようとしたのである。それに対し、学生たち

原　敬

は自分のほうから退学届けを叩きつけ、学校を去った。このときの退学組のなかに、加藤拓川、原敬、陸羯南《くがかつなん》（のちに新聞「日本」の社長として、子規の雇用主となる）、福本日南（ジャーナリスト、政治家）、国分青崖（漢詩人）など、意気盛んな人々がたくさんいた。みな、明治維新動乱のなかでは「朝敵」「賊軍」とされたところの出身者で、彼らを退学させた校長は薩摩の出身。まことにわかりやすい構図であった。

明治十六年、松山藩旧藩主・久松家の若き当主、定謨《さだこと》が、フランスのサン・シール陸軍士官学校へ留学することとなった。定謨はまだ十六歳であったので、「補導役」が必要ということになり、加藤拓川が同行した。パリへ行ってみると、そこには原敬が外交官として勤務していた。原が動いて、拓川が現地で外交官に採用されたため、明治二十年、秋山好古が日本陸軍を休職して渡仏し、「補導役」を引き継いだ。

なお加藤拓川は、この後、駐ベルギー公使、ヴェルサイユ講和条約全権団の実質上の責任者、シベリア全権大使など、外交官として活躍し、伊藤博文と対立して外務省を辞めた後は、松山地域選出の衆議院議員、その後、貴族院議員、最後は請われて松山市長を務めた。

つぎに岩下清周《いわしたきよちか》である。岩下は信濃国松代藩（現在の長野市松代町）の武家に生まれた。明治維新後、慶應義塾、商法講習所（一橋大学の前身）、三菱商業学校に学び、三井物産に入った。アメリカ駐在を経て、パリ支店長をしていた明治二十年前後に、原敬、加藤拓川、秋山好古らと親交を深めた。岩下は、拓川や好古よりも二歳年上である。

岩下清周

当時パリにいた日本人はほんの少数で、しばしば集まっては情報交換などをしていたが、そのなかにあって岩下は髪も洋服も靴も常に隙なく整え、傲岸不遜に見えるところもあったので、加藤拓川などは最初、「イヤなやつだ」と思っていたという。あるとき、岩下が誰か別の日本人と将棋をさしているところに拓川がやってきて、横合いから岩下の相手にいくつか助言したところ、岩下が負けてしまった。勝負がついた途端に岩下は盤面を拓川に差し向け、「一番所望」と大声で叫んだ。これが、拓川と岩下の親交の始まりであったと、拓川がその日記に書いている。欧米先進国の状況をしっかりと見た岩下は、「日本は工業立国でいかなければならない」と言うようになった。

北浜銀行堂島支店（明治45年）

日本に戻った岩下は、三井銀行で活躍していたが、明治三十年、独立して、大阪に北浜銀行を設立し、新規事業にどんどん融資・出資した。銀行というのは、要は人に金を貸して利子を取って儲けるものであり、借りた側がその金をどう使うかについては関知しない、というのが常識であった時代に、北浜銀行は資金を貸すのみならず、その企業の株式・社債もどんどん引き受け、あるいは銀行としても新規の株式を発行した。大阪築港公債や大阪市債もたくさん引き受け、周囲を驚かせた。そもそも、銀行の建物そのものが、日本銀行以外はみんな土蔵造りであったのに、北浜銀行は石とコンクリートで造り、関西地域伝統の「なんでも遅れて始まる」という慣習を無視して、会合でもなんでも、すべてを予告時刻のとおりに始めたといわれる。

箕面《みのお》有馬電気軌道（現在の阪急阪神東宝グループのもととなる）、大阪電気軌道（現在の近畿日本鉄道）、大阪瓦斯《ガス》、大林組、豊田自動織機（のちに発展してトヨタ自動車）、大阪合同紡績（のちに大阪紡績と合併して東洋紡）、森永製菓など、北浜銀行が融資・出資し、応援した企業は何十社にものぼる。岩下が「大ベンチャー企業家」ともいわれる所以である。

なお、岩下の「一の弟子」と言われたのが小林一三《いちぞう》であった。慶応義塾を卒業して三井銀行に入り、岩下の部下だった時期があったが、ろくに仕事をしないで花柳界で遊ぶなど、放蕩生活をしていた「問題行員」であった。しかし岩下は、何か感じるところがあったのか、「あいつは遊ばせておけ」と自由にさせていたという。小林は、岩下に誘われて関西に移った。当時、箕面有馬電気軌道という新しい電車路線を開設しようとしていた人々がいたが、資金に困っていた。これを聞いた小林は岩下を説得して資金を出させ、路線開設に漕ぎ着けて、自ら専務の職についた。社長は不在だったので、専務が実質上の社長であった。この鉄道会社は、のちに阪神急行電鉄すなわち阪急となっていくのだが、小林は放蕩生活をしているようで、文化的センスはきちんと磨いていたのであろう。鉄道を核にした都市開発、流通事業を一体的に進めて、日本

若き日の小林一三

最初の田園都市構想を実現した。六甲山麓の高級住宅地、温泉、遊園地、野球場の建設。宝塚歌劇団やプロ野球阪急ブレーブスの創立。学校法人関西学院など高等教育機関の誘致。それらを電鉄に連動させせて相乗効果を上げる民間鉄道経営のモデルを独自に作り上げた。

もっとも、鉄道が港、温泉、保養施設、商業施設、住宅、学校教育などを結びつけるということならば、規模は少し小さいが、伊予鉄道が松山平野で先にやっていたことであると言えるかもしれない。

小林一三は、日本財界の重鎮と言われるようになり、ずっと後年の昭和十五年、第二次近衛内閣で商工大臣を務めることになったが、このときの商工省次官が、「革新官僚」の代表格と言われた岸信介であった。当時の「革新官僚」というのは、特に陸軍と通じて、経済統制、言論統制を進め、軍国的全体主義を推進しようとした高級官僚たちのことであった。なにごとにつけても、あくまで自由を尊重する小林一三は、岸信介とことごとく対立したと伝えられる。第二次近衛内閣は一年ほどで一度総辞職となり、小林一三の大臣職もそれで終わった。その後、ごく短期間の第三次近衛内閣。そして東條英機内閣がとって代わり、日本は太平洋戦争に突入した。

小林一三は、加藤拓川の一家とも親しくしていた。拓川の三男・忠三郎《ちゅうざぶろう》は正岡子規の妹・律の養子となって正岡姓を継ぐのだが、忠三郎が京都帝大経済学部を卒業した後、阪急に就職したのも偶然ではない。

二十二　才賀電機商会と北浜銀行の破綻

岩下の北浜銀行とともに歩んだのが、先に述べた「電気王」才賀藤吉《さいがとうきち》であった。しかし、才賀電機商会は、設立した鉄道会社から工事代金を株式で受け取り、それを担保に銀行から融資を受けて別の会社の株式をたくさん引き受けるという、やや危ないやり方を多用していて、あまりに手を広げ過ぎた感があった。

大正元年九月、明治天皇の大喪の礼に伴い、全国の銀行が連続三日間休業した。この間、金の動きが止まり、才賀電気商会の手形が不渡りとなって、同商会の経営は行き詰まった。

才賀は岩下清周に救援を求めた。岩下はかなりの援助を行い、日本興業社という会社を設立し、ここに才賀電気商会の諸々を引き継ぐことにして、立て直しを図らせようとした。

ところが今度は、岩下の北浜銀行が窮地に陥ってしまった。

岩下は「工業立国」をスローガンに、ものつくり企業をどんどん支援し、自らもそれら企業の

大林組経営者・大林芳五郎

経営にかかわって成功した銀行家だが、彼に対しては関西金融界から嫉妬がらみの反感があった。彼らは岩下の北浜銀行にわざと多額の預金をし、いざとなったらそれを一挙に引き出して取り付け騒ぎを起こす準備をした。

　また、パリ時代以来、岩下と刎頸《ふんけい》の友であった原敬は政界でどんどん出世し、当時、内務大臣を務めた後、総理大臣の地位をうかがう勢いになっていた。実際はそうではなかったのだが、原の政敵たちは岩下が原の政治活動資金源になっていると推測し、原をつぶすにはまず岩下をつぶせと考えるようになっていた。

　岩下は大阪電気軌道（のちの近畿日本鉄道）を設立して自ら経営に乗り出し、生駒山にトンネルを抜いて、大阪と奈良を最短距離で結ぶ電車を走らせようとしたが、大正二年、この生駒隧道工事で落盤事故が起こり、十九名の犠牲者が出た。工事を請け負っていたのは、やはり北浜銀行が支援していた大林組である。翌年、隧道は完成し、電車は営業運転を始めたが、このとき当時の「大阪日々新聞」（現在の大阪日々新聞とは全く異なる新聞である）という新聞が、俄然、岩下と北浜銀行を叩きはじめた。北浜銀行は工事犠牲者に対する多額の賠償金支払いで大きな損失を出したが、それを隠している、岩下は銀行の公金をうまく横領して私腹を肥やしている、北浜銀行の経営は今やきわめて危ない、というような事実無根のことを書き立てた。もちろん、新聞社の後ろには、悪意を持った特定の勢力がついていた。当時は、こういうのをアカ新聞と言った。アカということばが社会主義者に対する蔑視用語として使われるようになるのは、もう少し後のことである。

関西金融界の一部の人々は、北浜銀行への預金を一斉に引き揚げ、小さな取り付け騒動が起こった。岩下は北浜銀行頭取を辞任し、相談役に退いた。ところが、新しい頭取は北浜銀行の損失額を水増しして発表した。この新しい頭取も、いつの間にやら岩下をつぶしたい勢力についていた人物だった。

アカ新聞の攻撃と関西財界からの「嫌がらせ」は止まらず、北浜銀行は大正三年八月、十日間の支払い停止を宣言せざるを得なくなった。

大正四年二月、関西のある弁護士が岩下を背任・横領罪で告発し、岩下は逮捕された。裁判は複雑な過程を辿り、大審院（最高裁判所）までもつれこんだ。加藤拓川なども出廷して岩下の弁護に努めた。しかし、大正十二年四月に確定した判決で、岩下は懲役三年の実刑に処せられた。未決勾留期間が差し引かれるなど、実際の服役は十カ月程度であったが、刑務所で服役する羽目

温情舎小学校

になった。

結局、ものつくり企業を支援するための、現金・株式・社債・手形などの複雑な組み合わせのやりとりが、伝統的な銀行観しか持っていなかった裁判官には理解されなかったということだった。現在なら、すべて文句なしで無罪のはずであるというのが経済取り引きに詳しい弁護士の見解である。

出所後の岩下は、富士山の裾野に茶園を買って経営した。茶園の労働者の子どもたちが通うべき公立の小学校がずいぶん遠かったので、岩下は茶園の中に温情舎小学校という学校をつくって教育活動に力を入れた。この温情舎小学校は、不二聖心女子学院となって現在に続いている。中央の政財界からは、岩下に対してさまざまな誘いがあったが、ついに彼は中央に復帰することはなかった。

北浜銀行は大正八年に摂陽銀行と改称し、のちに三和銀行に吸収合併された。

二十三　義理がたく

さて、この前後の小林信近の動向を見よう。

明治四十年、信近はすでに七十歳であったが、伊予電力織布株式会社という会社を起こして社長になっている。才賀電気商会も出資したようである。動力のすべてを電力でまかなう織布会社というのは、これまた愛媛県で初めてであった。しかし、この会社がこの後どうなったかについては、ついに記録を探しだすことができなかった。やはり、なかなか採算が合わなくて解散したのか、あるいは、どこか別の会社に吸収合併されたのであろうか。伊予電力織布がうまくいかなかったのも、才賀電気商会が破綻する原因のひとつになったのかもしれない。

明治四十四年、才賀藤吉は鞍手軽便鉄道株式会社を創立し、専務取締役に就任した。鞍手軽便鉄道は、北九州の木屋瀬炭坑で掘り出す石炭の運搬を目的とした鉄道で、路線は現在の北九州市八幡西区にあった香月《かつき》駅から野面《のぶ》駅を結ぶ三・八㎞ほどであった。

この明治四十四年の時点で、才賀電気商会の経営はかなり苦しいことになっていて、才賀は小林信近に援助を求めた。伊予水力電気創立のとき救いの神となり、また、伊予電力製紙でも世話を焼いてくれた才賀の頼みを、義理がたい信近は断るわけにはいかなかったのであろう。おそらくは家屋敷を担保にして金を借り、それを出資して才賀の恩義に報いようとした。

伊予鉄道が、輸入はしたものの結局使わないままでいた、あるいはさほど使っていない車両がいくつかあり、これを安く買い取って利用すれば鉄道建設費用も安く上がるという見込みもあったようである。鞍手軽便鉄道がうまくいけば、まずその経営で儲け、いずれ電化するときに、また儲けのチャンスがあるという期待を才賀は持ったはずであり、信近はその期待に乗った。いや、おそらくは乗ったふりをした。驚くことに、鞍手軽便鉄道の本社は松山に置かれ、役員に名を連ねたのは、みな松山の人々であった。もっとも、本格的に出資したのは、信近だけだったようである。

大正元年、信近は「松阪軽便鉄道株式会社創立につき」感謝状と記念品を贈られている。三重県松阪市のこの軽便鉄道も、才賀電気商会が手がけた事業であったが、信近はこれにもいくらか出資したようである。

同年、才賀電気商会は破綻し、日本興業社が代わりに立ち上げられたが、その経営がきわめて苦しかったことは言うまでもない。

石炭を運ぶ鞍手軽便鉄道

大正二年、「日本興業株式会社と協議のうえ、鞍手軽便鉄道経営に係わる一切の全権を引き受ける契約を締結」したと、信近自身が簡略に記録している。この時点で才賀は、鞍手軽便鉄道についてのすべてを信近に渡した。信近はおそらく、なにもかもわかったうえで、それをあらためて引き受けた。同年、信近は、伊予水力電気株式会社取締役を辞任。おそらくは、資金づくりのために同社の株式も手放したのであろう。

そして大正三年、「鞍手軽便鉄道経営の任を日本興業株式会社に返還」したと、これも信近自身が記録している。

おそらくは、建設資金が足りなくなって、さらに借金を重ねたが、それでも足りず、もうこれ以上はどうしようもないというところまできて、鞍手軽便鉄道の経営権を日本興業に返還したということなのであろう。

もしも、岩下清周と北浜銀行が健在であったならば、才賀と日本興業も、併せて小林信近もなんとか救済されたはずである。しかし大正三年には、岩下はすでに北浜銀行の取締役を退いていた。

日本興業は破綻し、大正四年、才賀藤吉は失意のうちに病死した。満四十四歳であった。

鞍手軽便鉄道の経営は日本炭業が引き継ぎ、大正四年の年内に開通して、石炭や人を運ぶようになった。開業後の六年間ほどは、営業収支が黒字なのに、借金の利子払いに苦労した様子がうかがえる。

小林信近は北京町の屋敷を手放し、家族とともに御宝《みたから》町の借家に移って，風呂も銭湯に通うようになった。借家に住むのも、銭湯に通うのも、信近の生涯において初めてのことであった。

二十四　家庭生活と人柄

小林信近は、二十一歳のときにシンという女性と結婚し、カネという娘をもうけた。カネ以外には子どもができなかった。明治三十六年、信近六十二歳のとき、シンが病没。その後、トメという女性と再婚した。

カネは、増田惟一《これかず》という人と知り合い、結婚した。この結婚について信近が提示したただ一つの条件は、惟一が小林の姓を継ぐということであった。惟一はもともと公務員で、刑務所の職員をしたり、郵便局に勤めたりしていたが、結婚してからは当時最新式の螺旋式電気精米機を備えた米屋を営んだ。惟一とカネは人もうらやむおしどり夫婦と言われ、三男四女をもうけた。七人とも、信近に似て美男美女であったと伝えられる。七人のうち、三番目の男の子が二十五歳で病没したほかは、それぞれしかるべき学校へ行き、きちんとした職業に就き、あるいはしかるべき男性に嫁いだ。

北川淳一郎『小林信近』のなかに、孫たちが信近についての思い出を書いている部分がある。おそらくは、北京町に住んでいたころのことかと思われる。信近と妻、娘夫婦とその七人の子どもたち、雇っていた女中も入れると、総勢十三人がひとつの屋敷で生活していた時期があった。信近を家長として、家庭内の空気は常に和気に満ち、対立とかわだかまりとかいうものがない。七人の子どもたちは、みな、伸び伸びと育つことができたという。

口数が少なく、いつも温和で、ことばを荒げたり怒ったりすることがない、というのが、家族のみならず、信近を知るすべての人々が異口同音に言うところである。

これも北京町の屋敷でのことと思われるが、新築の座敷の真ん中に火鉢が置いてあった。中では炭が燃えている。いたずらざかりの孫の一人が、庭から枯れ葉をごっそり持って上がって火鉢の上に置いた。やがて何かがはじける音がして、枯れ葉が飛び散った。音に驚いた家人が何人も駆けつけてきて枯れ葉の火を消し、火事というほどのことにはならずにすんだが、新しい畳の上には焦げ跡が点々と残った。枯れ葉を持ち込んだ孫は、さすがに叱られるだろうと思って、「おじいさん、こらえておくれよ」と謝った。信近は一言、「たまらんかい」と言って、それっきりであった。「こんなことをされてはたまらないなあ」という意味であろう。

信近も、実業家であり政治家である以上は、いくらかは敵もいた。ある夜、酒に酔った男が信近の家に何ごとか文句を言いにきた。すぐにでも暴力沙汰に及びそうな雰囲気で、家の者はみな恐怖を覚えたが、信近は動じることもなく、玄関口で男に応対した。男は最初、怒鳴り続けていたが、信近と話しているうちに、なぜかだんだんと声が小さくなり、三十分ほどもたつと静かに帰っていった。信近と話をすると、たいていの人が説得されてしまう。考えてみれば、土佐藩に蒸気軍艦を借りにいったときも、軽便鉄道敷設のことで政府鉄道局と談判したときも、そうであった。酒に酔っていきり立っているような男に対しても、いなしたりかわしたりしながら、結局、正しい理屈を納得させてしまうことができる信近であった。

家にあっては、たいてい座敷の机に座り、何か書き物をしていることが多かった。最後まで新しい事業の構想を練り、新しい機械を考案して、それを書き付けていたようである。まわりで幼い孫たちがワーワー言いながら遊んでいても、決してうるさがることもなかった。そして孫たちには、よく昔話や思い出話を語って聞かせていた。子どもも少し大きくなると、単に話を聞くだけではなく、「それはどうして？」と質問をするようになる。信近はそうした質問にもいつも丁寧に答え、説明してやっていたという。

立ち居振る舞いも常に礼儀正しく、慎重に静かに動く。歩き方が「能役者のようだ」と言われていた。幼少のころから高級武家の家庭で厳しく躾けられ、武術に励み、お城で殿様の側近くに仕えた信近の身体動作は、晩年になっても変わることがなかった。

晩年のあるとき、信近の着物の右袖が電気精米機のなかに巻き込まれてしまったことがあった。

腕まで巻き込まれると大変なことになる。左手でなんとかひっぱりあげているうちに他の者がスイッチを切って、事なきを得た。信近の珍しい失敗談であるが、このときも「うーん、迂闊だった」と一言だけ言って、すぐに平常の顔つきに戻ったということである。

酒は飲まなかった、と言うより、飲めなかった。体質的に、いわゆる下戸であったようである。タバコは吸った。いつも使っている机の横には火鉢があり、鉄瓶がかかっている。そのお湯でお茶をいれ、刻みタバコを煙管に詰めて吸う。いつも何か考えているように見える信近が、お茶を飲んで一服吸い込み、フーッと煙を吐き出すそのときだけは、全く放心したような顔つきになっていた。信近が本当に解放される、数少ない機会のひとつだったかと思われる。

趣味は囲碁と盆栽。なぜかゼニガメを飼育して楽しんでいたという。落語や演劇も好きで、よく孫たちを連れて見物に行っていた。

新しい機械には、何にでも興味を示した。肉搾り器、自動鶏卵攪拌機など、当時としては最新の台所用品も、東京や大阪へ行ったついでに買って帰って使ってみていた。電気扇風機というものが売りに出されると、これもいち早く購入して使った。

商用の出張で大阪へ行ったとき、実業界の人々が、「カタブツの小林さんに女遊びをさせよう」と画策して、夜、一人の女性を信近の部屋に送り込んだ。女性が、「こんばんは。おじゃまします」と部屋に入ると、信近は眼鏡ごしにこの女性をギロリとにらみつけた。女性は大慌てで立ち戻り、

「あんな恐ろしい人のお相手はとてもできません」と帰ってしまった。

親戚や隣近所に困っている人がいれば、できるだけ助けてやるということも、実はさかんにやっていた。信近が黙っていたので他の者が知らなかっただけで、個人的に信近に助けられたという人はずいぶんな数に上る。

借家に移ってから後も、信近は淡々としていて、その態度物腰も、静かな語り口も、机に座って書き物をすることも、碁盤に石を並べることも、何も変わらなかった。家が小さくなっただけであった。このころには、孫のかなりが上級学校へ行くなどのために松山を離れ、二〜三人しか残っていなかったので、家の小さいこともさして不便にも思わなかったようである。一度、銭湯から、帽子を前後逆にかぶって帰ってきたことがあった。それを家の者に指摘されたが、「フフーン」と言っただけだったという。

二十五　最期

大正四年、信近がその財産のほとんどを失ったころ、その産業経済上の功績に対して、松山市から信近に表彰状と記念品が送られた。

大正五年、政府賞勲局から、やはりその産業経済上の功績に対して賞状と記念が送られた。

信近が公に褒賞されたのは、この二回だけである。官位も勲章ももらわなかった。もっとも、信近にとってそういうことはどうでもよかったのであろう。

大正七年九月二十二日、信近は突然倒れた。老衰性脳溢血と診断された。三日間だけ寝込み、二十四日に息を引き取った。何か物を言いたげであったが、口が思うように動かず、意味のある音声を発することができなかったので、遺言らしきことを述べることもできなかった。

いつももの静かであった信近は、死に方まで静かであった。

墓は祝谷の常信寺にある。常信寺は、松山藩松平氏の菩提寺でもある。

北川弁護士に返信した手紙のなかで、孫の小林信一氏は言う。

「……松山市御宝町一四六番地に移転。晩年になっても生業の事業企業の熱意は衰えず、色々企画したのであるが、そのうち、製紙会社、鞍手軽便鉄道は信近一生の失敗であったように思う。特に頼み難き某氏らの言を信じ、資本金等に関して一切自己の責任において準備したらしく、債主の冷酷な取り立てに会い、ついに北京町の家屋を手放し、武田氏の借家に移転したものと思う。七十七年の一生のうち、七十五年まで堂々たる自邸に生活した者が、最後の二ヶ年、小さな借家に住み、一生を終わったことは感慨無量である」

小林信近　墓所

「頼み難き某氏」とは、才賀藤吉のことであろう。孫の立場としては、晩年の信近について「感慨無量」となるのも当然である。

明治維新動乱のなかで、信近が仕えた藩主・松平定昭が薩長に対して「徹底抗戦」を決意したとき、信近は討ち死にを覚悟したはずである。「一度は死んだ身」なので

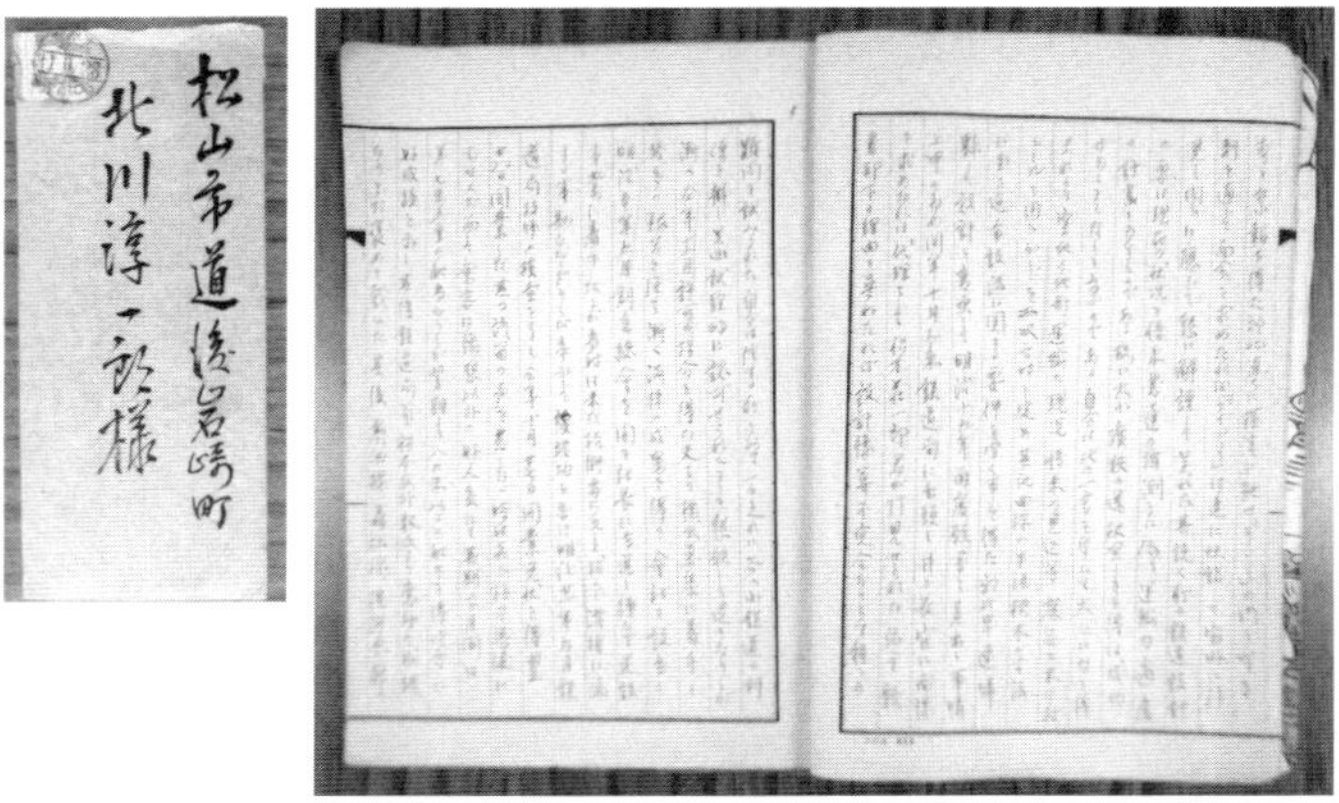

小林信一から北川淳一郎への返信（愛媛県立図書館蔵）

あった。

しかし、政治上のなりゆきで、たまたま命を長らえた。そのとき、信近は、「自分には役目がある」と思いなおしたのではなかろうか。

その信近が目指したことは、まず仲間の士族を救済すること。そのために、地域の産業経済を盛んにすることであった。また、統一国家となった日本が、どこか外国の植民地にならないためには、基礎としての生産力がなければならないという意識もあったであろう。

「松山藩はどうして長州に負けたか」というのは、信近が事あるごとに心のなかで思い返したはずのことである。つまるところ、ミニエー銃、蒸気軍艦という機械力にやられた。長州がそれだけのものを揃えることができたのは、長州の生産力が盛んで、金がたっぷりあったからである。だから信近は、新しい機械や生産方法には最後まで強い執着を見せたし、産業経済の新しい局面を切り拓こうとし続けた。

井上要は、『伊予鉄電思い出はなし』（昭和七年）において、つぎのように述べる。

「小林翁は我が地方に於いて実に実業家の元祖であり元勲である。今の五十二銀行も翁によって設立され、我が鉄道も電気もまた翁によって設立された。その他、翁によって発企計画されたものは少なくない。而して鉄道と電気は翁の最も長く経営に任じた傑作逸品にしてその事業も幸いに順調なる発展を見るに至ったが、翁は元来自己一家の利益を計る人でない。翁の新事業を創《はじ》むるや、ほとんどその趣味高尚に因ること、甘党餅を好み辛党酒を嗜むが如くその性情自然の露われにして個人の利害を打算し一家の損得を較量して出発するものでなかった様に思う。翁の計画着手した仕事で失敗したものも勿論少なくないが、その成功したものも事業は成功しながら翁は少しも利益を得て居らぬ。・・・・」（ことば遣いを一部現代語に変換した）

では、信近は、士族を救済しながら地域の産業経済を盛んにするという目的のために、ひたすら禁欲し、肩に力を入れて頑張ったのかというと、決してそうではない。だいたい、そんなことは長続きしない。

「まえがき」で述べたように、信近が、現代の女性にも「かわいいオジイデャン」という印象を与えるのはどうしてか。信近のなかのインナー・チャイルド（内なる子ども）が、最後まで生き生きと動き続けていたからであろう。インナー・チャイルドの声に逆らわないで生きている人には、いくつになっても、無邪気な愛嬌があり、自ずからなる可愛気がある。たとえば、秋山好古の特に晩年がそうであったし、近くは、旧ソビエトのミハイル・ゴルバチョフ大統領がそうである。

信近が若いときから女性にモテたというのも、彼が美男で秀才であったからばかりではない。彼のインナー・チャイルドがすでに輝いていることを、女性たちは直観していたのであろう。

信近が、自分の役目だと思うことを果たす方法は、他にもあった。たとえば、愛媛県なり中央政府なりの官僚として働き、士族救済策や産業振興策を企画立案するのもひとつの方法であっただろうし、教育家となって人材を育てるのもまたひとつのやり方であり得た。

しかし信近は起業家の道を選んだ。彼のインナー・チャイルドがそうしたかったからである。まだ他の人がやっていないような事業を企画して軌道に載せていくことには、他にはない独特の楽しみがある。信近のなかのインナー・チャイルドは、そのことを楽しみ続けた。それは、信近にとっては、金を儲けてみせること自体よりもはるかに大きな楽しみであった。考えて見れば、人間にとってのほんとうの楽しみは、そもそも金銭の多寡で測れるようなものではない。

だから、最後に財産をほとんど失くしても、信近には後悔というほどの後悔はなかったはずである。

高級武家に生まれ、殿様の小姓として大活躍しながら動乱のなかをきわどく生き抜き、新時代には起業家として大きな仕事をいくつもやってのけた。やろうと決めたことは断固としてやり抜いた。情理を尽くして人を説得した。そして最後には財産らしい財産も遺さず、静かにこの世から辞去していった。

まことにさわやかな人物であった。こういう人をこそ、ほんとうのサムライと呼ぶべきなのかもしれない。

小林信近　略年譜（年齢は数え年）

元号	西暦	齢	出来事
天保一三	一八四二	1	八月二八日、松山藩士・中島包隼の次男に生まれる。
嘉永六	一八五三	12	松山藩士・小林信哲の養子となる。〔ペリーの黒船来航〕
安政三	一八五六	15	元服
安政五	一八五八	17	〔安政の大獄〕
万延一	一八六〇	19	一月、藩主・松平勝成の小姓となる。六月、若殿・松平定昭の小姓となる。 江戸勤務。柳生道場、塩谷宕陰塾に学ぶ。
文久三	一八六三	21	帰松。久松宮内の次女・シンと結婚。 江戸と松山往復数回。
慶応二	一八六六	25	第二次長州征討。土佐藩から蒸気軍艦を借りてくる。
慶応三	一八六七	26	〔定昭、藩主に就任、老中に就任。徳川慶喜、大政奉還の宣言。〕 江戸で政治工作。その後、京都、大阪で定昭に従う。
慶応四	一八六八	27	〔鳥羽・伏見の戦い〕　〔松山藩、新政府に恭順〕
明治二	一八六九	28	〔版籍奉還〕 松山藩少参事に就任。以後、明治六年まで地方高級官僚。
明治四	一八七一	30	〔廃藩置県〕

明治六	一八七三	32	〔家禄奉還開始〕 県官僚を辞し、製陶、松根油製造、茶園経営、紙販売、養蚕などに従事。 明治九年まで。
明治九	一八七六	35	牛行舎創立。製靴、製紙、織物業を経営。
明治一一	一八七八	37	愛媛県会議員に当選、初代議長に就任。 第五十二国立銀行創立、初代頭取に就任。 県知事の依頼により、銀行を辞し、和気・温泉・久米郡長に就任。
明治一三	一八八〇	39	新しい県知事と方針が合わず、愛媛県官僚を辞任。
明治一四	一八八一	40	愛媛県会議員に当選。第五十二国立銀行取締役に復帰。
明治一五	一八八二	41	愛媛県会議長に就任。 松山商法会議所を設立、初代会頭に就任。
明治一六	一八八三	42	海南新聞社長に就任。
明治二〇	一八八七	46	伊予鉄道株式会社を創立。社長に就任。
明治二一	一八八八	47	伊予鉄道、松山市駅—三津浜間で営業運転開始。 伊予教育義会を設立し、中学校教育を存続させる。
明治二三	一八九〇	49	松山市会議員に当選、初代議長に就任。 高浜桟橋会社を創立し、頭取に就任。
明治二七	一八九四	53	〔日清戦争勃発。翌年まで〕

明治二九	一八九六	55	松山汽船株式会社を創立し、社長に就任。
明治三四	一九〇一	60	伊予水力電気株式会社を創立し、専務取締役に就任。
明治三六	一九〇三	62	伊予製紙株式合資会社を創立し、代表社員となる。
			妻・シン病没。のちにトメと再婚。
明治三七	一九〇四	63	〔日露戦争勃発。翌年まで〕
明治四〇	一九〇七	66	伊予電力織布株式会社を創立、社長に就任。
明治四四	一九一一	70	鞍手軽便鉄道株式会社を創立、専務取締役に就任。
大正一	一九一二	71	松坂軽便鉄道株式会社株式会社創立につき、感謝状と記念品を贈られる。
大正二	一九一三	72	鞍手軽便鉄道経営に係わる全権を引き受ける契約を日本興業株式会社との間に結ぶ。
			伊予水力電気取締役を辞任。相談役を嘱託される。
大正三	一九一四	73	鞍手軽便鉄道経営の任を日本興業株式会社に返還する。
			〔第一次世界大戦勃発。一九一八年まで〕
大正四	一九一五	74	松山市長より表彰され、表彰状と銀杯を授与される。
大正五	一九一六	75	政府賞勲局より表彰され、賞状と銀杯を授与される。
			自邸を売却し、借家に転居。
大正七	一九一八	77	九月二四日、老衰性脳溢血により死去。

参考文献

小林信一写『小林信近手記』（昭和三一年、愛媛県立図書館蔵）
小林信一写『小林信近創設五事業苦心記』（昭和三一年、愛媛県立図書館蔵）
北川淳一郎『小林信近』（昭和三三年）
秋山久敬『松山叢談』（明治二二年）
山崎善啓『朝敵伊予松山藩始末』（創風社出版、平成一五年）
伊予鉄道編集『伊予鉄道百年史』（伊予鉄道、昭和六一年）
伊予銀行総合企画部編纂『伊予銀行史』（伊予銀行、昭和四六年）
白川富太郎『四国電気事業沿革史』（電友社、昭和三二年）
松山市史編集委員会『松山市史』（松山市役所、平成七年）
愛媛県史編さん委員会『愛媛県史』（愛媛県、昭和六〇年）
正岡子規『子規全集』（講談社、昭和五四年）
夏目金之助『定本漱石全集』（岩波書店、平成二九年）
井上要『伊予鉄電思い出はなし』（伊予鉄道電気株式会社社友会、昭和七年）
加藤拓川『拓川集』（拓川会、昭和六年）
海原拓『世評正しからず　銀行家・岩下清周の闘い』（東洋経済新報社、平成九年）

加藤恵一『道後の夜明け　伊佐庭翁ものがたり』（道後温泉旅館協同組会、昭和六三年）
高橋文彦『颯爽と清廉に・原敬』（原書房、平成四年）
山内家史料刊行委員会事務局編『山内家史料』（山内家史料刊行委員会事務局、平成一五年）
秋山好古大将伝記刊行会編『秋山好古』（秋山好古大将伝記刊行会、昭和一一年）
秋山真之会編『秋山真之』（秋山真之会、昭和八年）
山口和雄『幕末貿易史』（中央公論社、昭和一八年）
田口由香「幕長戦争後における長州藩と松山藩の交渉」
（大島商船高等専門学校 紀要第四〇号、二〇〇七年）

あとがき

『新松山紀行』（平成二十四年、アトラス出版）に、小林信近についての記事を書かせていただいた。その後、「海南タイムズ」に、小林信近についの連載記事を書いた。それらの経験を通じて、小林信近という人に、ますます惹かれるようになった。

筆者は、大学卒業以来、県立高校に地理歴史・公民科の教員として勤めていたが、平成二十八年三月に定年退職を迎え、同年四月から、講師として松山商業高校定時制に務めることとなった。小林信近が最後の二年間を過ごした借家は、松山商業高校のすぐ北隣にあったはずである。松山商業高校へ行けと言われたとき、「信近さんに呼ばれたかな？」と思ったものであった。講師は二年間でやめて、いまは、信近が小姓として仕えた松平定昭の跡を継いだ久松定(さだ)謨(こと)が大正十一年に建てた「萬翠荘」という洋館（国指定重要文化財）で、萬翠荘と久松家にかかわる諸々を調査研究する仕事をしている。どうも、小林信近とは離れがたい縁があるようである。

今年は、ちょうど小林信近の没後百周年にあたる。この年に、信近の評伝本を刊行することになったのも、単に偶然ではないような気がしている。

信近は私たちに大きな遺産を残すとともに、次の課題をも与えた。信近が蒔いた種を今後どのように成長させていくのか、それが私たちに課せられた責務である。

本書を執筆しながら、経世済民とはどういうことか、人は何のために起業するのか、どういう経営が「よい経営」なのか、そして、もっと根本的に、貨幣とは何か、生産力とはどういうことか、通商とはどういうことか、というようなことについて、あらためて考えをめぐらせた。

こういう面からも、本書が読者の皆様に多少ともお役に立つことを願っている。

末筆ながら、株式会社伊予銀行、伊予鉄道株式会社をはじめ、写真等の資料を提供してくださった企業・諸団体のみなさまに、厚く御礼申し上げたい。また、筆者の言いぶんを最大限に尊重しながら、編集に根気よくつきあってくださった創風社出版に深甚なる感謝の意を表する次第である。

平成三十年　師走

著者プロフィール

片上雅仁（かたかみ　まさひと）

昭和30年（1955年）愛媛県松山市生まれ
愛媛県立松山東高等学校、一橋大学経済学部　卒業
平成30年３月まで愛媛県県立高校地理歴史・公民科教員
＜現在＞
国指定重要文化財「萬翠荘」館長
松山歌人会会長
朝日新聞愛媛版短歌投稿欄「愛媛歌壇」選者
短歌同人誌「遊子」代表事務局
＜著書など＞
『歌集・楕円軌道』（青葉図書、平成７年）
『秋より高き　晩年の秋山好古と周辺の人々』（アトラス出版、平成20年）
『秋山真之の謎を解く』（アトラス出版、平成22年）
『萬翠荘物語』（アトラス出版、平成24年）
『写真アルバム　松山市の昭和』（監修）（樹林社、平成27年）

サムライ起業家・小林信近

2018年12月25日発行　定価＊本体価格1300円＋税
著　者　　片上　雅仁
発行者　　大早　友章
発行所　　創風社出版
〒791-8068 愛媛県松山市みどりヶ丘９－８
TEL.089-953-3153 FAX.089-953-3103
振替 01630-7-14660 http://www.soufusha.jp/
印刷　㈱松栄印刷所　　製本　㈱永木製本

ISBN 978-4-86037-271-2